ESSAI

SUR

LES CONTRIBUTIONS

QUI AVOIENT ÉTÉ PROPOSÉES EN FRANCE POUR L'AN VII.

ESSAI

SUR

LES CONTRIBUTIONS

QUI AVOIENT ÉTÉ PROPOSÉES EN FRANCE POUR L'AN VII,

SUR CELLES QUI EXISTOIENT ALORS EN ANGLETERRE,
ET SUR LE CRÉDIT PUBLIC.

NOUVELLE ÉDITION

PUBLIÉE

PAR LE COMTE LECOUTEULX DE CANTELEU,
PAIR DE FRANCE.

Il faut, à côté d'une grande masse de dettes qu'on s'oblige à payer, placer un gage réel qui donne confiance à la validité de l'obligation, et qui fasse voir auprès de la volonté de se libérer la possibilité physique de le faire.

Le crédit n'a pas besoin de ces démonstrations matérielles quand il est établi, mais elles sont nécessaires pour le faire naître.

Mélanges. Moniteur du lundi 12 février 1816.

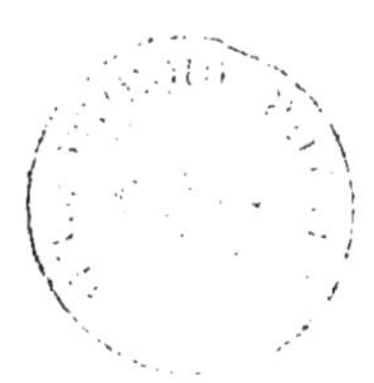

A PARIS,
DE L'IMPRIMERIE DE P. DIDOT L'AINÉ,
IMPRIMEUR DU ROI.
1816.

AVANT-PROPOS

POUR CETTE NOUVELLE ÉDITION.

J'AI publié cet Essai sur les Contributions en l'an 7; j'ai cru qu'il étoit convenable d'en faire une nouvelle édition en l'an 1816.

Il eût peut-être été plus utile de la publier il y a trois mois; mais alors je serois sorti des rangs pour me jeter dans une arène où je n'étois pas encore appelé. Je ne prévoyois pas, il est vrai, que les discussions et les débats de la Chambre des Députés seroient prolongés au-delà des bornes ordinaires; et qu'il peut être de la prudence et de la prévoyance des Pairs de France, lorsque ce budjet, cette Loi sur les finances si amendée, si débattue, dans la Chambre des Députés, est enfin mise sous leurs yeux, de considérer qu'il y a urgence de rendre la Loi, et nécessité de se reposer sur le dévouement de tous les François, dans les circonstances actuelles, pour en faciliter l'exécution. Toutefois il faut assurer l'honneur du pavillon, et que la Loi qui est présentée ne passe pas sans que les Pairs qui auroient des observations à y faire professent au moins les principes qu'ils croient qu'on auroit dû adopter dans la formation du budjet de 1816.

J'ai publié cet écrit sous le Gouvernement directorial; il paroissoit alors disposé à des combinaisons réparatrices, et à lutter avec courage contre les efforts toujours renaissants de l'anarchie.

Les moyens d'asseoir des contributions régulières, et réparties sur une plus grande masse de contribuables; l'extension qu'il convenoit de donner, sans timides hésitations, aux droits sur les consommations; enfin un meilleur ordre dans les finances, devint l'objet des méditations et des conférences de ceux qui avoient, au milieu des tempêtes et des désastres de la révolution, conservé l'amour de l'ordre.

Mais le vice de l'institution de cinq Directeurs, la foiblesse et la confusion de leur action, se manifestoient déja. Et c'est à cette époque, lorsqu'il étoit urgent et nécessaire, pour réprimer les agitations intestines, de pourvoir aux dépenses ordinaires et extraordinaires du Gouvernement, qu'on peut signaler les premières tentatives qui ébranlèrent bientôt le Pouvoir directorial.

L'auteur de cet écrit auroit pu hésiter de reproduire, en l'an 1816, un travail qui a été fait en l'an 1796. Mais il a considéré que beaucoup d'ouvrages qui ont été publiés dans le cours de la révolution écartent, soit par la nature du sujet qui y est traité, soit par les principes qu'on y professe, toute prévention qu'on pourroit avoir aujourd'hui, en raison des circonstances dans lesquelles ils ont paru.

Il y avoit en 1796, je peux le dire, quelque courage à publier cet Essai sur les Contributions; il s'agissoit de faire prévaloir un autre système que celui qui flattoit les passions et les erreurs populaires.

Je disois alors, comme je crois pouvoir le dire aujourd'hui, que mon travail contrarieroit des opinions qui sont toujours mises en avant, dans la confiance qu'elles seules sont favorables aux intérêts du peuple et de la France.

Sans doute il est toujours desirable dans un Gouvernement représentatif d'obtenir de la popularité, ou la considération qui s'attache inévitablement à l'homme influent. Mais aujourd'hui cette influence, cette popularité, ne peut flatter un bon François, ami de son Roi et de sa patrie, qu'autant qu'elle est sanctionnée par des effets utiles et durables. Souvent ce qui satisfait momentanément notre ambition et les passions que nous mettons en jeu tend très promptement à notre ruine, et concourt à celle de l'Etat.

J'aurois dû, dans la nouvelle édition de cet écrit, fixer avant tout l'attention des lecteurs sur le crédit, qui donne l'action et la vie à toutes les Lois sur les finances, et à tous les budjets, quelles que soient leurs combinaisons : mais il auroit fallu intervertir l'ordre des chapitres; c'est dans le XVe, XVIe, XVIIe, XVIIIe, que la puissance du crédit, les moyens de l'acquérir et son extrême importance, sont particulièrement traités. J'ai signalé les moyens odieux et répréhensibles dont les Gouvernements se servent pour suppléer au crédit, lorsqu'ils n'en ont pas. Sans doute ce seroit aujourd'hui éloigner le crédit que de le *solliciter avec impatience.* Toutefois ne vaut-il pas mieux essayer ce qu'il est convenable de faire pour conserver la confiance de son créancier, que de prétendre l'assujettir à sa loi, et lui imposer une résignation surnaturelle?

Le moyen le plus efficace de gagner du crédit est de payer intégralement ce qu'on doit : le calcul qu'on voudroit faire sur les sacrifices que ce paiement intégral exige, les combinaisons que fait un débiteur sur les réserves qu'il pourroit faire pour s'acquitter à meilleur marché, ou pour différer sa libération, sont toujours ruineuses. Un Gouvernement qui pour le salut de son pays écarte avec courage les intérêts partiels des individus, ceux des classes, etc. et leurs étroites spéculations, voit bientôt rentrer au service de l'Etat les mêmes sommes qu'il a fait sortir du trésor pour acquitter les dettes, et pourvoir à ses besoins. Les coffres de ce trésor sont bientôt vidés, si les gouvernés ne sont plus assez riches pour pouvoir les remplir au besoin et en avance. Certes ils le peuvent encore bien moins, lorsqu'un Gouvernement, au lieu de favoriser la création des capitaux, appauvrit ceux qui les possèdent. Il paroît alors peu se soucier de conserver dans leur application habituelle les capitaux dont il dispose au besoin, enfin ceux qui ont été pour ainsi dire toujours consacrés à l'action de son crédit.

On observera dans cette nouvelle édition quelques réflexions sur la formation des capitaux, et sur la nature de leur emploi, qu'il est si important de conserver, lorsque cet emploi a une bonne et utile application. (Voyez ci-après la *continuation du chapitre III.*)

ESSAI

SUR

LES CONTRIBUTIONS

QUI AVOIENT ÉTÉ PROPOSÉES EN FRANCE POUR L'AN VII,

Sur celles qui existoient alors en Angleterre, et sur le crédit public.

CHAPITRE PREMIER.

Aperçu préliminaire de l'effet des contributions établies en Angleterre.

Le complément des impôts nécessaires pour assurer les fonds des dépenses ordinaires et extraordinaires qui ont été proposées au Corps législatif pour l'an 7 a fait naître dans le Conseil des Cinq-cents une discussion qui devient d'autant plus importante, qu'elle peut décider le système des finances qui sera définitivement adopté. Aussi jamais ne fut-il plus essentiel d'empêcher que de bons esprits ne soient égarés dans cette discussion par des calculs exagérés, par des craintes chimériques, et par les préjugés de la routine.

Comme rien ne persuade plus généralement et avec plus de raison que des faits, lorsqu'ils sont constants, notoires, et de nature à être vérifiés par tout le monde, nous commencerons par en citer quelques-uns. Quoiqu'ils soient uniquement relatifs aux finances de l'Angleterre, ils sont cependant les meilleurs guides que nous puissions suivre, et ils peuvent servir de termes de comparaison pour éclaircir le sujet qui nous occupe.

Tout le monde est d'accord sur l'état de prospérité où se sont maintenues les finances de l'Angleterre. On ne peut également disconvenir que, même dans ce moment-ci encore (1), et malgré la quantité incalculable de numéraire sortie du pays pour le paiement des subsides, pour les dépenses secrètes et autres que cause cette guerre ruineuse, les *impôts, dont la masse est au moins égale, sinon supérieure, à tout ce qu'il y a d'espèces dans le pays*, ne se payent en Angleterre avec plus de facilité, et présentent moins de non-valeurs

(1) 1767.

que par-tout ailleurs. D'un autre côté, il est également de fait que, malgré une dette publique dont le capital surpasse la somme effrayante de dix milliards, malgré la suspension des paiemens en espèces à la banque, malgré les pertes que l'Angleterre a éprouvées, les dépenses énormes qu'elle a faites, leurs trois pour cent consolidés ne perdent qu'environ 50 pour cent, ce qui porte l'intérêt de l'argent placé sur le gouvernement tout au plus à six pour cent.

En comparant ces faits avec un autre non moins notoire et incontestable, savoir que la masse des impôts payés annuellement par le peuple anglois excède de 50 millions au moins ceux que nous avons tant de peine à payer en France, avec une population plus que triple, et un territoire plus que quadruple ; enfin, en considérant d'une part les sommes immenses qui ont été levées et se lèvent encore en Angleterre, et d'un autre côté la richesse et l'aisance du peuple, on est forcé d'avouer que ce n'est pas tant la masse des impositions en elle-même qui appauvrit une nation, que la manière de les répartir et de le lever, jointe aux ressources que le crédit public et particulier offre aux contribuables pour les payer.

CHAPITRE II.

De la distinction admise en France entre les contributions directes et les contributions indirectes. On y attache beaucoup moins d'importance en Angleterre qu'en France.

On a généralement adopté en France la distinction des contributions en directes ou indirectes; et, d'après cette distinction, toutes nos discussions en fait d'impôts roulent, depuis bien des années, sur les avantages et les inconvénients particuliers à chacune de ces deux espèces de contributions, et sur la préférence qu'on doit donner à l'une sur l'autre.

Il paroît qu'en Angleterre on ne saisit pas bien le sens de cette distinction abstraite que les économistes ont introduite parmi nous, et qui a donné lieu à une controverse qui dure depuis plus de cinquante ans, et pourra durer encore cinquante autres, sans qu'on en soit plus avancé qu'on ne l'est aujourd'hui, où tout ce qu'il y a de plus clair sur cette matière, c'est que les deux partis ne s'entendent pas, et que peut-être aucun des deux ne s'entend bien lui-même. Pour se convaincre que cette assertion n'est rien moins que hasardée, il suffit de lire ce que les écrivains les plus marquants des deux partis ont écrit chacun pour défendre son système.

D'un côté, les partisans de l'impôt unique démontrent, par des raisonnements dont plusieurs paroissent sans réplique, que tous les impôts retombent en dernière analyse sur les terres, et que par cela seul la levée indirecte doit être plus coûteuse pour le contribuable. Ils démontrent, par des calculs qu'on ne peut pas géométriquement contester, que les impôts indirects, outre les vexations qui leur sont particulières, absorbent une partie des avances que la reproduction exige; que, comme ils se perçoivent sur le produit brut, au lieu d'être prélevés sur le revenu net, ils retombent sur les propriétaires avec une révoltante inégalité, et forcent d'ailleurs d'abandonner la culture des terres médiocres et mauvaises. Ils démontrent, par des raisonnements aussi difficiles à combattre qu'à concilier avec l'expérience, que les impôts indirects faisant renchérir les denrées, font augmenter les salaires et la main-d'œuvre, et ruinent par conséquent les manufactures ; qu'ils paralysent des branches entières d'industrie, gênent le commerce, et diminuent les consommations; qu'en conséquence tout pays qui les adopte ne sauroit voir fleurir chez lui ni agriculture, ni industrie, ni commerce.

D'une autre part, les partisans des impôts indirects, en soutenant qu'ils tombent uniquement sur les consommateurs, démontrent que ce sont les impôts les plus doux, les plus faciles à percevoir, et les plus proportionnés à la fortune des contribuables, qui tous ne les payent qu'au fur et à mesure, et en proportion de la dépense que fait chacun, tandis que l'impôt direct tombe uniquement sur le propriétaire foncier, qu'il écrase; que plus on allège cet impôt, plus on favorise la culture des terres; que la levée en est toujours difficile, et exige des contraintes et saisies qui surpassent tous les inconvénients attachés aux impôts indirects, dont la répartition d'ailleurs se réduit à un simple tarif, tandis que celle de l'impôt foncier a présenté jusqu'ici des difficultés presque insurmontables, et n'a produit que des inégalités et injustices sans nombre.

Quant aux suites funestes pour l'agriculture, le commerce et l'industrie, que les économistes attribuent aux impôts indirects, les partisans de ces derniers objectent avec raison l'exemple de la Hollande, qui n'a presque pas d'impôts directs, mais bien des impôts indirects exorbitants sur les objets de consommation générale, et notamment sur les boissons et le blé, et qui cependant a joui, pendant plusieurs siècles, du commerce le plus florissant et de l'industrie la plus active. Ils citent l'exemple de l'Angleterre, où, à côté des impôts indirects les plus multipliés et les plus outrés, accompagnés d'ailleurs de formes très-vexatoires, il y a eu, depuis plus d'un siècle, un accroissement marqué et constant de culture, de commerce et d'industrie, et où les impôts indirects mis sur les objets de première nécessité, tels que les boissons de toute espèce, n'ont pas empêché les manufacturiers anglois de soutenir avec succès la concurrence dans la plupart des marchés de l'Europe, et de l'emporter presque par-tout par la qualité et le bas prix de leurs manufactures.

Quoi qu'il en soit de cette controverse, toujours est-il certain qu'on y attache beaucoup moins d'importance en Angleterre qu'en France. Non seulement les contribuables de ce pays, qui en cela ressemblent beaucoup aux nôtres, s'inquiètent fort peu si tel ou tel impôt tombe directement ou indirectement sur eux, pourvu que le paiement ne les gêne pas; mais le Gouvernement paroît ne pas songer même à cette distinction, pour laquelle nous nous disputons tant en France, du moins jamais budjet du chancelier de l'échiquier n'en fait mention, ni directement ni indirectement. Il en est de même des écrivains anglois, sans en excepter Smith, qui, dans les deux cents pages environ qu'il a consacrées à la discussion sur la manière dont les différents impôts affectent les différentes branches d'industrie, n'a parlé qu'en passant de la distinction entre les impôts directs et indirects.

CHAPITRE III.

Quel est le résultat que les Anglois ont toujours en vue dans les contributions, et dans les dénominations qu'ils donnent à ces contributions, en raison de leur assiette, sur les choses ou sur les personnes.

En matière de contributions, la principale sollicitude du Gouvernement anglois, et des écrivains de tous les partis, c'est de savoir quels sont les impôts qui rendront le plus, et dont la perception sera la plus facile. On voit par-tout qu'ils attachent beaucoup plus d'importance à la levée de l'impôt qu'à son assiette, et qu'ils craignent bien davantage les difficultés que peut éprouver la perception de la part des imposés, que les suites que peut avoir l'impôt en lui-même, suivant la matière imposable qu'il affecte, ou sur laquelle il tombe en dernière analyse.

La seule chose sur laquelle ils fixent leur attention à cet égard, c'est de ne jamais mettre d'impôts sur l'exportation des ouvrages manufacturés, qu'ils encouragent au contraire par des primes, ni sur l'importation des matières premières qui alimentent leurs manufactures, tandis que d'un autre côté ils mettent de forts droits sur l'importation, et surtout sur celle des objets manufacturés, dont ils prohibent même généralement l'entrée tout-à-fait.

Ce n'est pas ici le lieu de discuter la justesse et la latitude de ce dernier principe, qu'on a tellement étendu en Angleterre, que souvent, loin de favoriser l'industrie et le commerce, il l'entrave, tout en causant beaucoup de vexations et de gène.

C'est cette même importance que les Anglois attachent à la facilité de la perception, qui paroît les avoir engagés à n'admettre qu'une seule distinction entre les impôts, qu'ils partagent en taxes réelles et personnelles. Dans les premières, ils comprennent toutes celles qui sont établies sur des objets réels, sur des choses; que ces choses soient les terres et maisons sur lesquelles est assis l'impôt foncier, ou que ce soient des objets de consommation, tels que denrées et marchandises, sur lesquels on a établi ce que nous appelons des impôts indirects. Par impôts personnels, les Anglois entendent ceux qui sont assis uniquement et directement sur les personnes, en raison de leur fortune *présumée*, de leur dépense *présumée*, ou du produit *présumé* de leur industrie. Les impôts qui ont été connus en France sous les noms de contribution personnelle, mobiliaire et somptuaire, ainsi que les patentes, seroient en Angleterre des taxes personnelles.

C'est encore l'importance attachée par les Anglois à la facilité de la perception, qui depuis long-temps les a engagés à proscrire toutes les taxes personnelles, qui d'ailleurs n'ont jamais été établies chez eux que passagèrement, et dans des circonstances vraiment extraordinaires, lorsqu'il a fallu se procurer des secours qu'ils appellent occasionnels.

En effet, ces sortes d'impôts, de quelque manière qu'on les établisse, sont, par leur essence même, plus ou moins arbitraires, et par cela seul aussi difficiles à répartir et à lever, qu'ils sont féconds en non-valeurs, et foibles en produit. Quelque précises que soient les lois d'exécution qui les regardent (si toutefois la moindre précision peut être appliquée aux taxes personnelles), il est moralement impossible d'empêcher, soit la surprise, soit la corruption des agents chargés de répartir cet impôt, d'empêcher que, tantôt l'influence de l'autorité et de la richesse, tantôt la puissance de la multitude et du nombre, ne déchargent une partie des contribuables pour écraser l'autre.

Cependant cet inconvénient, quoique très grave, ne sauroit encore être comparé aux suites funestes qu'ont les taxes personnelles, relativement au crédit et à l'accroissement de la richesse nationale. C'est ce second motif, plus encore que le premier, qui paroît avoir déterminé les Anglois à proscrire depuis longtemps les taxes personnelles de toute espèce.

Comme ces sortes d'impôts ne sont assis et ne peuvent l'être que sur les citoyens riches ou *présumés tels*, les habitants des pays où ces impôts sont établis, *et même de ceux où l'on craint qu'ils ne le soient tôt ou tard,* cherchent à cacher, à resserrer leurs richesses, à les mobiliser, afin de pouvoir plus aisément les réaliser et les emporter en cas de besoin. Au lieu d'augmenter leur dépense en proportion de leurs moyens, ce qui favoriseroit la consommation et donneroit du travail au pauvre, ils la diminuent, parceque tous ont intérêt à paroître moins aisés qu'ils ne le sont en effet, afin de se soustraire plus facilement à l'impôt progressif; car toute taxe personnelle revient à cela en dernière analyse. De là résulte une diminution dans la matière imposable, dont une partie se cache dans les portefeuilles ou dans les banques étrangères, l'avilissement de la valeur vénale des terres et de toutes les propriétés foncières qui indiquent la richesse ou l'aisance du propriétaire, la diminution du travail pour tous les ouvrages de luxe qui pourroient compromettre l'homme aisé qui s'en serviroit, la diminution dans la consommation, et par conséquent l'avilissement de toutes les productions du sol et de l'industrie, par la restriction que la crainte de la taxe engage les riches à s'imposer sur leur dépense, avilissement qui, en empêchant la reproduction de ces mêmes objets, amène une cherté et disette pour l'année suivante; il en résulte enfin une perte incalculable en capitaux et en ressources, par la disparition de toute cette partie du crédit, qui reposoit sur la richesse présumée des propriétaires, négociants et capitalistes, richesse qui disparoît en proportion des bornes qu'ils mettent à leur dépense, et de la non-valeur du peu de propriétés ou de fortune ostensible qu'ils conservent.

Or, les Anglois ayant depuis long-temps supprimé les taxes personnelles, et ayant généralement et constamment repoussé toutes celles qui pouvoient peser sur les citoyens, en raison de leur fortune présumée, ou de leur consommation *éventuelle* en objets de luxe, on sentira aisément les effets favorables que doit avoir produits chez eux ce système. A l'aide de cette sécurité de toute taxe personnelle et arbitraire, chaque citoyen y a constamment joui de la faculté pleine et entière de pousser son industrie et son travail, d'augmenter ses acquisitions, sa culture, son bétail, ses troupeaux; en un mot, de faire valoir son argent, et même, s'il a du crédit, celui des autres, sans avoir aucun sujet de craindre qu'on augmente ses taxes, et encore moins, qu'on le rende responsable de celles des autres. Loin de chercher à dissimuler ses richesses, à les cacher ou mobiliser, afin de paroître moins riche qu'il ne l'est, il croit au contraire qu'il est de son intérêt de mettre ses richesses au jour, de les employer, d'en accroître même l'opinion, s'il le peut, afin d'augmenter son crédit, et par-là ses moyens et ses ressources.

Lorsqu'un Gouvernement a pu réussir à donner un pareil essor à l'imagination des gouvernés, comme on l'a fait en Angleterre, il n'est plus étonnant que tout concoure à la prospérité du commerce, de l'industrie, de l'agriculture, des finances et du crédit public. Cette prospérité ne peut exister sans une grande consommation, qui entraîne à sa suite une reproduction *plus qu'égale.* C'est cette consommation qui est l'aliment de la finance, tout ce qui la gêne ou resserre diminue également la matière imposable. C'est dans cette consommation que les uns trouvent le moyen d'acquérir des richesses et de l'aisance, tandis que tous y trouvent le moyen de subsister, et ce n'est qu'autant qu'il y a de ces richesses et de ces moyens de subsistance, que tous les contribuables peuvent payer les impositions, tandis que les plus aisés peuvent prêter au Gouvernement le fruit de leurs épargnes, pour subvenir aux besoins extraordinaires de l'Etat.

Continuation du chapitrè III.

On observera que l'auteur de cet Essai sur les contributions a reproduit en 1814, dans son opinion sur le budjet de 1815, un paragraphe de ce chapitre presque en entier ; les mêmes principes, les mêmes idées qu'il professoit sur les finances et sur le crédit en l'an 7 dominoient sa pensée en 1814. Il en est de même dans les circonstances où nous nous trouvons en 1816. Il ne peut se dispenser de dire en 1816, comme il le disoit en 1814, que le paiement intégral des intérêts de la dette consolidée et des dettes flottantes est le seul moyen d'asseoir le crédit public.

Il pense qu'à cet effet il auroit fallu choisir en 1816 le mode de libération qui auroit converti les créances arriérées, auxquelles on ne donne, quant à présent, qu'une valeur nominale, en valeurs intégrales, réelles, et matériellement garanties. Quelles que soient les bonnes dispositions d'un budjet, son exécution, son action, dépendent des moyens qu'on peut avoir pour naviguer à pleines voiles dans l'année d'exercice, c'est-à-dire pour assurer à temps, pendant la durée de cet exercice, les dépenses ordinaires et extraordinaires convenues et ordonnées, et en même temps payer exactement et à temps les dépenses et les frais qu'exige une bonne et vigoureuse administration.

L'exécution de la Loi du 23 septembre 1814 devoit remplir ce but; c'est dans cette conviction que l'auteur de cet écrit a fait réimprimer, à la suite de cet Essai sur les contributions, le discours qu'il a prononcé le 20 septembre 1814, dans la Chambre des Pairs, sur le projet de Loi relatif aux finances pour 1815.

Que faut-il à la France dans les circonstances actuelles? des capitaux disponibles, au service du Trésor royal: on pourroit les recréer en même temps qu'on acquitteroit l'arriéré.

L'emploi de nos capitaux disponibles, sans aucun doute, le plus utile en France, celui dont un pays essentiellement agricole comme le nôtre doit attendre les meilleurs résultats, c'est celui qui se fait au profit de l'agriculture.

Arthur Young disoit, en 1790, qu'il n'y avoit aucun point de vue sous lequel l'agriculture de France pouvoit paroître avec moins d'avantage que celui du capital qui y étoit employé. Le même auteur observoit, en 1790, que l'état de production de l'agriculture d'un pays dépendoit, depuis cinquante ans, plus du capital qui y étoit employé, que d'aucune autre circonstance; et puisque le capital, ajoutoit-il, qui est employé dans l'agriculture de l'Angleterre est considérablement plus grand que celui de France, quoique nous n'ayons en Angleterre que 15 millions d'habitants, lorsque le territoire de France (1790) en possède 26, l'empire britannique doit être nécessairement plus riche et plus puissant que le royaume de France.

Si cette conclusion d'Arthur Young pouvoit être admise sous le seul point de vue du capital employé à l'agriculture, j'estime, que dis-je? je suis convaincu que le royaume de France est, en 1816, plus riche et plus puissant que l'empire de l'Angleterre. Arthur Young seroit, en 1816, fort étonné de reconnoître l'accroissement de la valeur des capitaux appliqués en France, depuis 1790, à l'agriculture.

Tant que les deux pays, ajoutoit encore l'auteur anglois (en 1790), resteront dans le même état, rien ne sauroit affoiblir ma conclusion, sinon une très mauvaise administration du Gouvernement anglois. Il conclut en disant que c'est dans les bases solides de ce fait important que les politiques doivent chercher la solution de ce phénomène apparent que nous ont montré les deux dernières guerres (précédentes à celles de la révolution), le spectacle de l'Angleterre résistant avec succès aux forces combinées de la France et de l'Espagne. J'oserois même assurer, disoit encore Arthur Young dans sa conclusion, que ceux qui voudroient chercher l'application de ce phénomène dans les colonies de l'Amérique, et dans les conquêtes de l'Inde, la chercheroient plutôt dans des causes de foiblesse et de décadence pour l'Angleterre ; et il finit son raisonnement en affirmant que la possession de 300 millions sterling, ou sept milliards 200 millions tournois de capital, employés sur les terres en Angleterre, est d'une bien plus grande importance que celle de ces dominations brillantes et éloignées, ou qu'aucun avantage qu'ait pu procurer à l'Angleterre son commerce si vanté.

Il ne faut pas, sans doute, admettre l'exagération de cette conclusion. Arthur Young, l'apôtre exclusif de l'agriculture, paroît ici avoir dédaigné de prendre en considération le concours efficace d'un grand commerce dans les progrès de l'agriculture. On ne peut méconnoître que les capitaux employés au commerce étendent et facilitent singulièrement la consommation des productions de l'agriculture.

Toutefois les observations et les calculs d'Arthur Young sur les capitaux employés à l'agriculture en Angleterre et en France méritent l'attention et font naître d'utiles réflexions, dans les circonstances où nous nous trouvons, à ceux qui lisent son voyage en France pendant les années 1787, 88, 89 et 90, traduit de l'anglois, et publié à Paris, chez Buisson, 1793.

Il conviendroit aujourd'hui de connoître, par des valeurs approximatives le capital appliqué en France à l'agriculture. Arthur Young évalue, en 1790, celui des fermiers, en Angleterre, à quatre louis par acre. Voici son résumé pour les trois royaumes :

Angleterre,	46,000,000 d'acr. à	4 louis	184,000,000 louis.
Écosse,	26,000,000	1 ½	39,000,000
Irlande,	26,000,000	2	52,000,000
	98,000,000		275,000,000

Voici, en comparaison, l'évaluation qu'il croyoit, en 1790, pouvoir faire pour la France.

France, 131,000,000 d'acres à 2 louis 262,000,000 louis.

Si en 1790 on estimoit ainsi en France les capitaux des fermiers, laboureurs ou propriétaires faisant valoir, appliqués à l'agriculture, on peut aujourd'hui, dans le plus grand nombre de nos départements de grande culture de bois et pâturages, même ceux de grands vignobles, l'évaluer au double, si on calculoit comme le faisoit l'auteur anglois, le nombre de chevaux, de bestiaux, de moutons, de porcs; la quotité de foin ou produit de prairies artificielles, de blé, d'avoine, que les fermiers françois ou propriétaires faisant valoir, ont habituellement depuis quinze ans dans leurs fermes et greniers, et en provision, pour leur consommation et leur trafic.

J'estime enfin que les capitaux appliqués aujourd'hui en France à l'agriculture balanceroient, s'ils ne surpassoient pas, proportion gardée, celui qui est appliqué aujourd'hui à l'agriculture en Angleterre; et alors l'étendue de notre territoire, notre nombreuse, forte et belle population, réunie aujourd'hui de cœur et de volonté sous le Gouvernement paternel et légitime d'un Bourbon, couverts, comme nous le sommes, de son égide constitutionnelle et de *ses droits* de souveraineté, bénéfice commun de tous les François, doit nous pénétrer tous de notre force et de nos ressources.

Une recherche approfondie sur cet objet seroit aujourd'hui un des travaux les plus utiles du Ministère de l'intérieur, ne fût-ce que pour faire connoître l'avantage considérable qu'obtient le propriétaire qui fait valoir sa terre.

Le revenu du propriétaire qui ne fait pas valoir ne reçoit qu'un très foible accroissement, et à de longs intervalles, quels que soient les bénéfices que font sur les terres les fermiers qui les exploitent, ces fermiers calculent toujours, avant de souscrire un bail, les bénéfices qu'ils veulent se réserver en faveur du capital qu'ils font agir, et avec lequel ils trafiquent. Le fermier et laboureur propriétaire font aujourd'hui, avec bien plus d'étendue, un commerce intérieur d'approvisionnements, qui est un accessoire important au bénéfice de la culture ; et on peut dire que le fermier considère aujourd'hui la ferme qu'il exploite, sous le rapport de son trafic et de son industrie commerciale, avec beaucoup plus d'intérêt et d'affection que sous le rapport de sa culture et de son fermage. Beaucoup d'hommes sensés et observateurs, à Rouen, sont persuadés que les fermiers du territoire, à vingt lieues à la ronde de cette capitale du département de la Seine-Inférieure, sont aujourd'hui plus en mesure et ont plus de moyens de faire une prompte fortune que les négocians de Rouen. Il est vrai que la classe des fermiers en Normandie a bien moins de charges, bien moins de distractions dispendieuses de leurs travaux, que les habitans des villes ; ils se nourrissent mieux et à meilleur marché ; enfin ils vivent avec plus d'économie.

On peut me dire que cependant la valeur de la ferme, celle de son produit, doit s'accroître en proportion de la richesse du fermier qui l'exploite. Cela devroit être, et le propriétaire devroit éprouver le bénéfice de cette amélioration au renouvellement de ses baux ; mais, de fait, il est bien rare de trouver une terre affermée dont les revenus se soient accrus, dans le cours de la révolution, en proportion des bénéfices du fermier. La coalition des fermiers, dans chaque canton, pour contenir les baux dans des prix qui n'admettent pas les propriétaires au partage de leurs bénéfices, est bien connue.

Mais suivons notre aperçu sur la formation et l'emploi des capitaux en France, on verra bientôt, indépendamment des observations qui se présentent sur ce sujet, même en le traitant superficiellement comme je le fais aujourd'hui, la conclusion que je veux en tirer, eu égard aux dernières résolutions que la Chambre a cru devoir préférer, pour la liquidation de l'arriéré, aux dispositions de la Loi du 23 septembre 1814.

Les capitaux ainsi consacrés à l'agriculture ne doivent pas sans doute être aujourd'hui détournés de l'emploi si convenable à l'Etat et aux particuliers qu'ils reçoivent dans leur utile et heureuse application; cet emploi doit être, au contraire, encouragé. Mais ici se présente une observation capitale; c'est celle qui se fait naturellement. En résultat, de tout ce que je viens de dire, il ne faut pas s'attendre qu'aucun de ces capitaux appliqués à l'agriculture vienne alimenter nos emprunts, donner du mouvement, de l'action à notre crédit, et faire valoir notre *papier-promesse de paiement*, ces promesses avec lesquelles la

Commission des finances de la Chambre des Députés a cru qu'elle avisoit convenablement au remboursement de l'arriéré.

Un autre emploi et une autre formation de capitaux, auxquels nous devons donner notre attention dans les circonstances actuelles, c'est celui qu'on leur donne dans le commerce; et le commerce concourt sans doute, et très efficacement, à la formation des capitaux. La foible quotité de ceux qu'on peut encore considérer comme capitaux du commerce ne se détournera pas aujourd'hui de la destination à laquelle les appellent l'ouverture des ports, la paix, et l'industrie nationale. Le commerce et nos manufactures vont promptement retirer de la capitale les fonds qui y étoient placés provisoirement, pour y trouver, dans les opérations de crédit et d'avances au Gouvernement, un emploi utile. Ce sera encore un bonheur pour l'Etat et pour la France, que le commerce pût retrouver à sa disposition ce qui peut donner de l'étendue et de la force à ses entreprises, à son industrie.

Que faut-il conclure de cette seconde observation, qui est aussi capitale que la première? c'est qu'il est très probable qu'il n'y aura plus à Paris d'autres capitaux en circulation que ceux valeur nominale de notre *papier-promesse de payer*, à un intérêt de cinq pour cent par an, avec lesquels on veut liquider provisoirement l'arriéré. Ce n'est point avec de pareils capitaux, valeur nominale, que l'on donnera de l'action et de la vie au budjet de 1816. Ce *papier-promesse* ne peut former une bonne circulation ; elle sera sans force et sans utilité pour le Trésor public, pour le crédit et la valeur à conserver aux rentes sur l'Etat, et pour le service du Gouvernement.

La Loi du 23 septembre, les billets royaux ayant une garantie, une hypothèque dans le produit des 400 mille hectares de bois mis en vente ; ces billets, ainsi remboursés en argent dans un intervalle donné, présenteront, au contraire, un excellent papier de portefeuille. On doit s'étonner sans doute qu'on ait élevé des objections, des difficultés sur la vente de 400 mille hectares de bois destinée à acquitter nos dettes, nos subsides, lorsque nous avons vu, dans les débats parlementaires en Angleterre, lord Castlreagh assurer que c'est à l'acquiescement, à la résignation du Gouvernement françois, pour le paiement des subsides, que nous leur payons, que nous devons la conservation du territoire qui nous est laissé par le traité de paix.

La vente des 400 mille hectares de bois, dont le sol et son produit n'auroient pas cessé d'être françois et d'être conservé propriété françoise; enfin le sacrifice de cette aliénation, si c'en est un, pouvoit-il entrer en compensation avec celui des provinces sur lesquelles nos alliés étoient si bien disposés à exercer le droit de conquête.

CHAPITRE IV.

Application de la distinction des impôts en réels et personnels à notre système de finances. Conséquences utiles de cette distinction.

Appliquons actuellement la distinction des impôts en réels et personnels à notre système de finances, et particulièrement au budjet décrété pour l'an 6 par la Loi du 9 vendémiaire. Nous voyons d'abord que les taxes personnelles composées des contributions personnelle, mobiliaire et somptuaire, ainsi que des patentes, s'élèvent ensemble à 80 millions.

En comparant cette somme avec la totalité

des ressources décrétées par la même Loi, pour faire face aux dépenses ordinaires et extraordinaires de la même année, totalité qui s'élève à 616 millions, on croiroit d'abord que les taxes personnelles ne sont qu'entre le septième et le huitième de la totalité des impôts.

Mais il ne faut pas perdre de vue que tous les 616 millions ne consistent pas en impôts, et sur-tout en impôts décrétés pour l'an 6. Il faut en déduire :

Le produit de la vente des domaines nationaux, le revenu des mêmes domaines conservés ou invendus, ce qui comprend celui des forêts nationales, les créances sur les Puissances étrangères, les rescriptions bataves, les dettes actives du Trésor public, et même les contributions arriérées de l'an 5, qui, ayant dû être acquittées dans le courant de la même année, ne sauroient être regardées comme faisant partie des contributions de l'an 6.

Tous ces objets réunis sont évalués, dans le budjet ci-dessus, à 177 millions, qui, étant défalqués de 616, laissent pour la totalité des impôts de l'an 6 la somme de 439 millions, dont les 80 millions de taxes personnelles font plus que la sixième et moins que la cinquième partie, ce qui, pour un pays essentiellement, et, dans les circonstances actuelles, presqu'uniquement agricole, est exorbitant. Pour s'en convaincre par le fait, il suffit de prendre pour exemple la commune de Paris, imposée pour chacune des années 5 et 6 à 12 millions 300 mille francs de taxes personnelles, sur lesquelles les patentes emportent 3 millions, tandis que la contribution foncière, assise presqu'uniquement sur les maisons, s'élève à 12 millions. En déduisant les 3 millions pour les patentes, il reste 9 millions 300 mille francs à répartir sur la fortune *présumée* des citoyens, sous le nom de contribution personnelle, mobiliaire et somptuaire. Pour arriver à la répartition seulement de ces 9 millions 300 mille fr. il a fallu faire des cotes tellement extravagantes, qu'elles ont excité des réclamations universelles, qui ont fixé l'attention sérieuse du Gouvernement et du Corps législatif, parcequ'en laissant subsister les cotes telles qu'elles étoient, c'eût été le vrai moyen de n'être pas payé, même par ceux qui ne sont pas surchargés, mais qui profiteroient des réclamations fondées de leurs voisins.

Faisons maintenant une application semblable de cette distinction au budjet de l'an 7, tel qu'il a été présenté par le Ministre des finances, et abstraction faite des changements que le Corps législatif peut faire dans l'état des recettes ou ressources qui y sont proposées pour faire face aux dépenses.

Ces dernières étant portées à 600 millions dans le rapport transmis par le message du Directoire exécutif du premier messidor, les moyens indiqués pour y faire face ont dû s'élever à pareille somme. De ces 600 millions, qui composent la totalité des revenus présumés de l'an 6, il faut d'abord déduire 97 millions 500 mille francs, consistant en rentes foncières et leur rachat, en revenus des forêts nationales et autres domaines nationaux, en produit de la vente des biens nationaux et du mobilier, en arriéré des contributions et créances échues du Trésor national. Cette déduction réduit la totalité des impôts proposés pour l'an 7 à 502 millions 500 mille francs; et comme les contributions personnelle, mobiliaire et somptuaire, avec les patentes, ne forment ensemble que 50 millions, il est évident que les taxes personnelles, qui l'année dernière formoient plus du sixième de la totalité des impôts, n'en feront pas cette année le dixième.

Ce résultat heureux est incontestablement dû à l'expérience ; on auroit pu devancer celle-ci, et devoir, dès l'an 5, cette amélioration au raisonnement, si l'on avoit adopté la distinction entre les taxes réelles et personnelles, distinction qui auroit nécessairement conduit aux mêmes principes que les Anglois ont adoptés sur cette matière. Tant il est vrai que les dénominations et les mots influent sur les choses.

Satisfaits de ce résultat, et convaincus que nous avons réellement besoin de secours occasionnels, nous n'insisterons sur aucune diminution dans les 50 millions de taxes qui nous restent, d'autant plus qu'une meilleure répartition du droit sur les patentes rendra cet impôt infiniment plus léger et plus productif (1)

---

(1) L'exemple suivant démontre d'une manière bien simple que ces deux qualités de *léger* et *productif*, données au même impôt, ne sont pas aussi contradictoires que bien des gens le croient.

Quelque pauvre ou malaisé que soit un individu, personne ne soutiendra qu'il ne puisse, sans un inconvénient majeur pour lui, payer un centime par jour ; et, s'il paye ce centime réparti sur tout ce qui sert à sa subsistance au fur et à mesure de sa consommation et de ses achats, il est qu'il ne l'a été jusqu'ici. C'est d'ailleurs moins la quotité des taxes personnelles existantes qui est funeste au crédit public, au développement de l'industrie et à l'accroissement de la richesse nationale, que la crainte de leur extension future. Sous ce point de vue, les améliorations qui peuvent résulter de leur diminution pour cette année sont inappréciables. La crainte seule d'une pareille taxe, que ce soit un emprunt forcé, un impôt sur les riches, une taxe de guerre non assise sur une matière imposable, ou quelque nom qu'on lui donne; cette crainte seule, dis-je, suffit pour faire resserrer toutes les bourses, disparoître le crédit avec les capitaux, avilir les propriétés foncières, et occasionner, avec la hausse de

presque impossible qu'il s'en aperçoive. Cependant un centime payé tous les jours par trente millions d'individus produit près de 110 millions de francs par an. Voilà donc certainement un impôt léger pour le contribuable, et cependant très productif pour le fisc. Établissez, au lieu de cela, un impôt personnel, une taille de 3 fr. 65 c. sur chaque individu, payable tous les ans, et vous aurez pour résultat des réclamations et des non-valeurs sans nombre; et l'impôt, qui devroit être le même et pour le contribuable et pour le fisc, ne sera ni léger pour l'un, ni productif pour l'autre.

l'intérêt de l'argent, une stagnation totale dans les spéculations du commerce et de l'industrie.

CHAPITRE V.

Nouvelles conséquences de cette distinction; définition plus étendue des impôts qu'on doit considérer comme personnels.

Nous avons vu de quelle utilité pouvoit être la distinction des impôts en personnels et réels, adoptée par les Anglois. Mais on peut en tirer des conséquences encore plus importantes, en donnant aux impôts personnels un sens plus étendu que celui que les Anglois leur donnent, et en appelant de ce nom toutes les taxes pour le paiement desquelles on s'adresse aux personnes, tandis que les taxes réelles sont payées par les choses imposées qui en répondent. Sous ce rapport, l'impôt foncier, payé en argent, devient un impôt personnel, parceque le collecteur s'adresse pour le paiement au propriétaire, contre lequel il fait décerner une contrainte s'il ne paye pas. Si, au contraire, le même impôt étoit payé en nature, ce seroit un impôt réel ; telle étoit autrefois la dîme, pour le paiement de laquelle le collecteur ou le fermier de l'impôt s'adressoit aux gerbes de blé dont il prélevoit la dixième. L'impôt sur les glaces, perçu à la fabrication, ou, ce qui vaut beaucoup mieux, au moment de la vente et du débit, est un impôt réel; perçu comme une taxe annuelle sur les personnes qui en font usage, c'est un impôt personnel. En général, tous les impôts assis sur des objets de consommation ou sur des marchandises, et perçus soit à l'entrée et au passage, comme chez nous les douanes et les octrois, soit au débit, comme on le perçoit sur plusieurs objets en Angleterre, enfin presque tous les impôts que nous appelons indirects, sont des impôts réels, pour le paiement desquels on s'adresse aux choses et non aux propriétaires. Je dis : *presque tous les impôts que nous appelons indirects,* parceque l'on entend proposer tous les jours, comme impôts indirects, des taxes absolument personnelles, puisqu'elles ne peuvent être assises et perçues que sur les personnes, à raison de l'usage qu'elles font des objets imposés, qui sont tous les objets de luxe; aussi le paiement exige-t-il des avertissements et contraintes comme celui de la contribution mobiliaire. De ce genre, les taxes sur les portes cochères, sur les voitures et chevaux de luxe, sur les glaces, sur les croisées, et même celle sur la poudre à poudrer, lorsqu'au lieu de faire payer le droit à la fabrication ou au débit, à raison de tant par kilogramme, on établit une taxe annuelle sur les personnes qui en font usage. Plusieurs de ces taxes mêmes, telles que celles sur les croisées et sur les glaces, sont de véritables impôts fonciers ; aussi ne sauroit-on sans étonnement les entendre proposer, dans la vue de ne pas augmenter les impôts directs.

Avec un peu de réflexion on sent aisément l'énorme différence qui se trouve, quant au mode de paiement, entre les impôts personnels et réels.

Les premiers, payables par les personnes, et à des époques qui ne sont pas toujours celles qui leur conviennent le mieux, exigent des avertissements, des contraintes et des saisies, toutes les fois que le contribuable ne peut ou ne veut pas payer. Les impôts réels, étant perçus sur les choses à leur débit ou à leur passage, n'ont jamais besoin d'avertissement ni de contrainte ; car alors les denrées ou les marchandises sont là sous la main du percepteur, et la taxe se trouve payée sans réclamations ni murmures.

Les impôts personnels demandent une répartition plus ou moins difficile et toujours sujette à un arbitraire presqu'inévitable; ce qui se passoit autrefois pour la répartition des vingtièmes et de la taille, et encore plus ce qui se passe aujourd'hui pour celle de l'impôt foncier et de la contribution mobiliaire, en fournit une preuve sans réplique. La répartition des impôts réels, au contraire, est toute faite, parcequ'elle consiste dans le tarif qui peut être exagéré, mais jamais arbitraire, en sorte qu'il ne peut jamais y avoir de dispute entre le percepteur et le contribuable.

Les impôts personnels se payent en bloc, et ne peuvent guère se payer autrement, si l'on veut éviter une comptabilité aussi compliquée que dispendieuse; il faut donc que le contribuable épargne et mette de côté une certaine somme pour les acquitter à l'échéance. Or cette économie, cette réserve, *faite uniquement pour payer l'impôt*, est hors du caractère de l'immense majorité des contribuables, qui dépensent au fur et à mesure qu'ils gagnent, et qui ont bien de la peine à faire des épargnes pour leurs propres besoins. Par cela seul, les impôts personnels entraînent des contraintes pour la plupart des contribuables, parcequ'on leur demande de l'argent lorsqu'ils n'en ont point, ou le fruit d'épargnes qu'ils n'ont pas faites; ceux alors qui veulent éviter les contraintes et la saisie qui en est la suite sont obligés d'emprunter, de mettre en gage ou de vendre quelques effets, ce qui, outre des frais considérables, entraîne la hausse de l'intérêt de l'argent. Les impôts réels n'ont aucun de ces inconvénients; payés par le consommateur au fur et à mesure de sa consommation et de ses achats, ils n'exigent pas même un avertissement, et, loin de faire hausser l'intérêt de l'argent en forçant les contribuables à emprunter, ils font ressortir et circuler l'argent payé pour la taxe, argent qui est disséminé par parcelles.

Enfin les taxes réelles, *lorsqu'elles sont modiques*, ont l'avantage inappréciable de se confondre à la longue avec le prix de la denrée ou de la marchandise que le consommateur achète, en sorte que ce dernier finit par payer sans songer à l'impôt, et comme s'il n'existoit pas, tandis que dans l'impôt personnel *tout jusqu'au rôle* rappelle au contribuable cette idée fâcheuse.

CHAPITRE VI.

Nouvelles considérations en faveur du systême des impôts réels ou des contributions sur les choses.

CONTINUONS notre discussion, et demandons maintenant à tout homme sensé si tous les avantages que les taxes réelles ont évidemment sur les impôts personnels ne surpassent pas, sans aucune comparaison, l'inconvénient des frais de perception, en supposant que ceux-ci soient plus considérables pour les impôts réels que pour les impôts personnels, ce qui est au moins douteux. En admettant même, avec les économistes, que tous les impôts réels qu'ils appellent indirects retombent indirectement sur la terre, ce qui n'est pas encore bien clair, les immenses avantages qu'ils présentent pour la facilité de la perception ne feroient-ils pas plus que compenser l'inconvénient du détour qu'on feroit faire à la taxe?

Je sais fort bien que si tous les hommes étoient calculateurs, sans passions et toujours parfaitement raisonnables, l'impôt foncier pris sur le revenu net seroit le plus simple, le plus économique, peut-être le plus juste, et par conséquent le meilleur de tous; il seroit alors équitablement réparti et volontairement payé sur les épargnes que chaque propriétaire cultivateur ou fermier mettroit de côté pour cet objet. Mais admettre beaucoup de contribuables de cette espèce dans un grand Empire, en admettre seulement un sur dix, c'est (au moins dans ce siècle-ci) admettre une pure supposition démentie par tous les faits.

Mais, dira-t-on, pourquoi permettre que les contribuables payent pour l'impôt indirect 10 francs, tandis qu'à l'aide de l'impôt direct ils en seroient quittes en ne payant que 8? Et si l'immense majorité des contribuables aime mieux ce mode d'imposition, si, quoique plus coûteux au fond, il est pour la forme plus approprié aux habitudes et aux circonstances de la plupart d'entre eux, et par cela même moins onéreux dans le fait; préférerez-vous de les rendre malheureux, de les accabler par des garnisers, pour leur apprendre, *malgré eux*, l'économie et le calcul qui leur répugnent, et que par cela seul ils apprendront peut-être avec plus de peine? La satisfaction de plusieurs millions de citoyens n'est-elle pas un objet assez important, sous le rapport de la politique, des finances et de l'humanité même, pour qu'un Gouvernement sage sacrifie quelques calculs rigoureux et abstraits à cette considération morale? et les garnisers sont-ils un moyen propre à convaincre leur raison?

Quant aux visites, amendes et autres vexations qu'on reproche aux taxes réelles, on ne peut disconvenir qu'elles n'aient nécessairement lieu, lorsque la taxe est assez forte pour exciter puissamment à la fraude, comme cela avoit lieu, sous l'ancien régime, et comme cela existe encore, *quoique sans droit d'entrée,* pour plusieurs de ces taxes en Angleterre.

Mais rien ne nous force d'élever ainsi les taxes réelles, lorsque nous pouvons étendre la matière imposable; les abus locaux et particuliers qu'on objecte ne prouvent pas plus contre la chose en elle-même, que la mauvaise répartition de la contribution foncière ne prouve qu'il faut absolument renoncer à tout impôt sur les terres.

D'abord, sous l'ancien régime, la dîme et les priviléges empêchoient de donner à l'impôt foncier toute l'étendue dont il étoit susceptible, ce qui forçoit de rejeter sur les consommations tout le fardeau des contributions énormes qu'exigeoit un régime où la dépense et le faste entroient comme partie constitutionnelle et intégrante. D'un autre côté, l'exemption de tel ou tel impôt indirect, dont jouissoit presque chaque province à l'égard des provinces voisines, exemption qui donnoit à la carte financière de la France la figure d'un échiquier, non seulement diminuoit la matière imposable de chaque impôt, mais nécessitoit des barrières et commis sans nombre dans l'intérieur, pour empêcher la fraude. Si, par exemple, il n'y avoit pas eu de provinces franches, de provinces rédimées, de pays de grandes et petites gabelles, cet impôt qui, dans plusieurs provinces, s'élevoit jusqu'à 12 sous par livre, et étoit par cela seul un véritable fléau, auroit pu être diminué jusqu'à 4 sous, et rapporter le même produit avec infiniment moins de vexations, et avec des formes infiniment moins odieuses.

La même observation peut s'appliquer aux aides et à l'impôt sur le tabac. Ces barrières insensées entre les provinces peuvent être regardées comme une des principales causes pour lesquelles l'Angleterre, où ces barrières n'ont jamais existé, a eu de tout temps une supériorité aussi marquée sur la France en fait d'industrie, de commerce intérieur et même d'agriculture.

CHAPITRE VII.

Abus qu'on a fait en Angleterre des impôts réels. Conséquences qui en résultent nécessairement en faveur de ce systême. Conditions préliminaires pour admettre en France les contributions indirectes. Une principale est qu'elles ne portent que sur des objets de consommation genérale.

Nous ne devons pas perdre de vue l'Angleterre. Tant que cette puissance aura à soutenir une guerre, et sur-tout une guerre aussi folle et aussi ruineuse que celle-ci, les taxes ne pourront être qu'exorbitantes, parcequ'avec une population qui ne fait que le tiers de la nôtre, et un territoire qui ne fait pas le quart de celui de la France, il est, toutes autres choses égales, impossible d'étendre assez la matière impossible pour pouvoir en tirer le même produit ; il faut donc élever les taxes d'une manière extravagante. Les taxes sur les consommations et les droits des douanes doivent d'ailleurs être d'autant plus fortes en Angleterre, que le Gouvernement, par des considérations politiques, n'a pas osé élever la taxe sur les terres proprement dites, qui depuis plus d'un siècle est toujours la même. Je dis : *la taxe territoriale proprement dite*, parceque la taxe sur les pauvres, qui est un véritable impôt foncier, s'est successivement accrue en Angleterre, au point de surpasser de moitié le produit de la taxe sur les terres. Et lorsqu'avec des impôts indirects aussi multipliés et affectés d'un vice aussi radical le commerce, l'industrie et l'agriculture ne laissent pas d'aller leur train, il faut avouer que ce que les adversaires des impôts indirects allèguent, concernant les suites funestes que ces impôts, conformément à leurs raisonnements et à leurs calculs, *doivent avoir* sur toutes les sources de la richesse nationale, et notamment sur l'agriculture, est au moins très exagéré.

Peut-être même est-ce en économie politique un travail beaucoup plus oiseux et inutile qu'on le croiroit, que celui qui a pour objet d'examiner, *à l'aide du raisonnement et du calcul*, sur quelle branche d'industrie ou sur quel fonds tel ou tel impôt indirect tombe ou ne tombe pas, s'il tombe directement ou indirectement, etc. Peut-être vaudroit-il mieux, à cet égard, s'en tenir à l'expérience et à la maxime financière qui dit que le meilleur impôt est celui qui rapporte le plus, maxime qu'on a de tout temps tourné en ridicule, et qui pourroit fort bien n'être pas à beaucoup près aussi absurde qu'elle le paroît, sur-tout si on y ajoute la condition essentielle, *à la longue*.

En effet, tout impôt qui, pendant une longue suite d'années, rapporte un produit considérable, sans qu'il y ait une diminution marquée, n'affecte probablement aucune branche d'industrie d'une manière sensible, parce qu'autrement le produit de l'impôt diminueroit nécessairement avec la matière imposable. Ce qui s'est passé tout récemment en Angleterre au sujet de plusieurs taxes sur des objets de luxe, et notamment de la taxe sur les gazettes, fournit une preuve frappante de la justesse de cette assertion. Dès que cette taxe est devenue assez forte pour diminuer le nombre des consommateurs ou abonnés, le produit en a diminué d'une manière si sensible, qu'il a fallu renoncer à toute augmentation projetée de la taxe, parcequ'elle affectoit la branche d'industrie sur laquelle elle porte, et qu'en la continuant on eût tari la source même de l'impôt.

Par tout ce qu'on vient de lire, il paroît incontestablement démontré que, sous le rapport de la facilité de la perception, les taxes réelles pour le paiement desquelles on s'adresse aux objets imposés sont préférables aux impôts personnels, pour le paiement desquels on s'adresse aux personnes, et dans lesquels est compris l'impôt foncier, ou, pour me conformer au langage généralement reçu, il paroît démontré que les impôts véritablement indirects sont préférables aux contributions directes.

Mais, pour que ces avantages particuliers aux impôts indirects ne soient pas plus que compensés par d'autres inconvénients, il faut que les impôts dont il s'agit aient les qualités suivantes :

1° Ils doivent être, autant que possible, entièrement dégagés des formes vexatoires qui, en Angleterre, sont encore attachées à plusieurs d'entr'eux.

2° Il faut que l'impôt n'affecte aucune branche d'industrie d'une manière assez sensible pour en arrêter le développement, soit que cette branche regarde les manufactures ou l'industrie proprement dite, soit qu'elle tienne à l'agriculture et au commerce.

3° Il faut que les frais de perception ne soient pas trop considérables relativement au produit.

4° Il faut que l'impôt ne démoralise pas le peuple, en excitant à la fraude et au mensonge.

5° Il faut que l'impôt ne tende pas à hausser le taux de l'intérêt de l'argent, en forçant les contribuables à emprunter; ce qui arrive sur-tout lorsque l'impôt, au lieu de porter sur le revenu, porte sur les capitaux, et que le contribuable est obligé de payer à-la-fois, ou qu'il n'a pas de termes pour se libérer.

On croiroit qu'il est difficile d'imaginer un impôt indirect ou une taxe réelle qui réunisse toutes ces qualités. Eh bien! toutes dépendent d'une seule condition, savoir, que la taxe ne porte que sur des objets de consommation générale.

En effet, il n'y a que ces objets qui, par leur masse, puissent rapporter un produit qui vaille la peine de payer les frais de perception attachés à la taxe, sans que cependant celle-ci soit assez forte pour exciter à la fraude, et par conséquent pour nécessiter les vexations auxquelles on a recours pour l'empêcher. Ce sont encore ces objets seuls qui, étant consommés par la totalité ou au moins par l'immense majorité des citoyens, font tomber l'impôt, lorsqu'il est modique, sur toutes les branches d'industrie, en haussant les salaires, sans affecter une branche particulière, comme le font, sans exception, tous les impôts sur les objets de luxe; impôts qui ne peuvent jamais être modiques, si l'on veut que les frais de perception ne soient pas exorbitants, comparés au produit. Enfin ce sont encore les seuls objets de consommation générale qui, à raison de la modicité de l'impôt et du paiement journalier et insensible, dispensent les contribuables de recourir aux emprunts pour s'acquitter. On peut voir dans l'écrit de M. Jolivet, sur l'impôt du sel, comparé avec celui sur les successions collatérales, quels effets funestes ce dernier, pour peu qu'il soit *outré*, produit sous ce rapport.

CHAPITRE VIII.

Quels sont, dans nos climats et dans notre état de civilisation, les objets qu'on doit comprendre au nombre de ceux de première nécessité. Examen raisonné et comparé des effets de l'impôt sur ces objets.

On ne regarde généralement comme objets de première nécessité ou de consommation générale que ceux qui paroissent rigoureusement nécessaires à la subsistance du pauvre, ou, pour mieux dire, de la classe nombreuse des journaliers et ouvriers qui gagnent les salaires ou les journées les plus foibles; car, dans un Gouvernement bien organisé, il ne doit y avoir de pauvre, proprement dit, que celui qui est hors d'état de travailler, et que la société est obligée de nourrir; à tous les autres, elle ne doit que du travail, ou les moyens de s'en procurer.

Et comme, d'un autre côté, on ne regarde comme objets nécessaires pour la subsistance du pauvre que les aliments qui composent sa nourriture journalière et indispensable ; on donne à la dénomination d'*objets de première nécessité* un sens beaucoup trop restreint. Car enfin il ne suffit pas que le pauvre (pour me servir de cette expression triviale quoiqu'inexacte) ait du pain, de la viande, du sel, etc., pour pouvoir vivre, il faut aussi qu'il soit chaussé et vêtu. Donc, le cuir qui entre dans ses souliers, la toile dont est faite sa chemise, le drap qui sert à l'habiller, sont des objets de première nécessité pour lui. Cependant si l'on proposoit un impôt sur le cuir, sur la toile et les draps, les mêmes gens qui jettent les hauts cris contre l'impôt le plus modique sur la viande et sur le sel (car une taxe sur le pain ou le blé seroit regardée comme un blasphême), non seulement y trouveroient peu à redire, mais l'adopteroient même sans difficulté.

Pour écarter les impôts indirects sur les objets de première nécessité, on a proposé l'augmentation des sous pour livre sur la contribution foncière, qui, à Paris, tombe presqu'uniquement sur les maisons, dont cette taxe renchériroit évidemment le loyer ; mais ce loyer est également un objet de première nécessité pour le pauvre, qui, en France, ne peut pas coucher dans la rue, comme le font les Lazzaroni à Naples. On a vu tout récemment traiter le tabac comme un objet de luxe, ou du moins comme n'étant pas de première nécessité, par ceux-là même qui regardent le sel comme d'une nécessité indispensable. Cela pouvoit être ainsi il y a trois ou quatre siècles; mais aujourd'hui le tabac est tellement devenu un objet de première nécessité pour les citoyens qui en ont pris l'habitude (et il y a au moins quatre millions d'individus en France qui ont pris cette habitude là), que si un impôt trop fort les obligeoit d'y renoncer, ou seulement d'en restreindre l'usage, il en résulteroit pour tous un dérangement dans leur santé, et pour la plupart des maladies très graves. Quant à la privation, pour juger combien elle leur seroit sensible, il n'y a qu'à demander aux plus pauvres comme aux plus riches d'entr'eux, s'ils ne préféreroient pas se passer pendant dix jours de sel, que pendant un jour seulement de tabac?

Et, à cet égard, beaucoups de gens tombent dans une autre erreur. Ils pensent que les privations résultantes pour les consommateurs de telle ou telle denrée ou marchandise renchérie par l'impôt, sont proportionnelles au degré plus ou moins grand de nécessité dont est pour eux l'objet imposé, tandis que ces privations n'affectent les consommateurs qu'en raison de la peine plus ou moins grande qu'ils ont à se procurer les objets renchéris par la taxe. Supposons qu'un impôt sur les cuirs augmente d'un quart seulement le prix de la paire de souliers, et que le pauvre n'en use que deux paires par an, qui lui coûtoient quatre francs la paire avant la taxe, en sorte que celle-ci n'augmente que de deux francs sa dépense annuelle. Supposons d'un autre côté qu'on mette sur le sel (qui certainement est un objet de première nécessité bien plus indispensable qu'une paire de souliers), l'impôt proposé de deux décimes par kilogramme ou de deux sous par livre, impôt plus que sextuple de son prix primitif aux marais salants, et plus que double de son prix moyen dans l'intérieur; supposons de plus que le pauvre en dépense vingt livres par an (ce qui est très exagéré), en sorte que l'impôt augmente sa dépense annuelle également de deux francs. D'après le préjugé que je combats, ce dernier impôt devroit paroître bien plus pénible au contribuable que le premier sur les souliers. La vérité cependant est que celui sur le sel seroit presqu'insensible pour lui, parceque, pouvant acheter cette denrée par petite quantité de cinq ou dix centimes, il n'auroit aucune peine pour se la procurer, et par conséquent aucune raison pour s'en priver, tandis que la taxe sur les cuirs augmentant d'un franc le prix de la paire de souliers, il faut que le contribuable qui ne peut l'acheter au fur et à mesure de sa consommation épargne successivement cinq francs, pour s'éviter le désagrément d'aller pieds nus. L'exemple suivant rendra cette vérité encore plus sensible.

Le renchérissement d'une denrée occasionné par un impôt indirect est, *quant à la privation qui peut en résulter pour le contribuable,* absolument la même chose que si le renchérissement avoit pour cause la disette. Or il n'y a presque pas d'année que le prix du pain ne diffère de trois centimes au moins par kilogramme, ou d'un liard environ par livre, soit en plus, soit en moins, du prix de l'année précédente; il y a eu même plusieurs exemples d'une différence plus que double. Mais supposons que le prix n'augmente que de deux centimes par kilogramme, ou du moins d'un liard par livre, je demande si cette augmentation feroit la moindre sensation, même parmi la classe la plus malaisée du peuple, si même un individu sur cent mille se priveroit pour cela d'un repas dans l'année? Non certainement, parceque ce surcroît de dépense s'acquitteroit journellement et d'une manière insensible pour l'ouvrier, qui auroit le temps de hausser sa journée ou ses salaires en conséquence. Ce centime cependant d'augmentation dans le prix de la livre de pain ne laisseroit pas de faire près de 22 francs par an pour chaque ménage composé de quatre individus qui en consomment au moins trois kilogrammes par jour; ce qui feroit une augmentation de 165 mllions de francs dans la dépense annuelle de tous les habitants de la France. Qu'on mette, au lieu de cela, un impôt de 165 millions sur les maisons, qui force les propriétaires de hausser de 22 francs le loyer de chacun de ses ménages, la gêne et les privations qui en résulteroient pour des millions d'individus seroient incalculables. Les huissiers manqueroient pour signifier des congés aux uns, et saisir les meubles des autres. Cependant l'argent qu'il faudroit débourser en dernière analyse seroit le même. Mais c'est que pour neuf cent quatre-vingt-dix-neuf individus sur mille, il est mille fois plus aisé d'acquitter 6 centimes par jour que 22 francs par an, et que le renchérissement insensible du pain ne donne au consommateur guère plus de peine pour s'en procurer, tandis que le renchérissement du loyer qui se présente en masse, et qui oblige beaucoup de propriétaires et de principaux locataires à faire l'avance de quatre ou cinq fois 22 francs pour les sous-locataires, occasionne aux imposés des gênes et des privations de toutes espèces. Il suffit de bien méditer ce dernier exemple pour se convaincre de l'avantage des impôts mis sur les objets de consommation générale.

Cette dernière dénomination reçoit également un sens beaucoup trop restreint, lorsqu'on n'y comprend que les *denrées* dont tout le monde, *sans exception*, fait usage, tandis qu'il faut l'étendre à toutes les denrées et marchandises qui sont consommées par la majorité, ou seulement par une grande partie des citoyens. Les chandelles, le savon, le papier, le cuir pour les souliers, les toiles et étoffes qui ne servent pas uniquement à l'habillement des riches, sont des objets de consommation générale. On peut même donner ce nom au papier timbré qui sert aux quittances, mémoires, et affiches; enfin les feuilles périodiques doivent être rangées dans cette classe, chez un peuple avancé en civilisation, où tous ceux qui savent lire les lisent.

Enfin, il ne faut pas perdre de vue que les objets de consommation générale, et même ceux de première nécessité, varient selon le temps, les pays et les circonstances. Le thé, qui chez nous est un objet de luxe, en est un de première nécessité en Angleterre. Le vin l'est dans nos départements de vignobles, comme la bière et le cidre le sont dans d'autres. Ni le tabac ni le vin n'étoient des objets de première nécessité du temps des Gaulois. Sans la guerre et la révolution survenue dans nos colonies, qui ont occasionné un renchérissement excessif dans les denrées coloniales, le café et le sucre, qui sont encore chez nous des objets de consommation générale, seroient devenus des objets de première nécessité. Le verre dont sont faits nos vitres et nos vases à boire est un objet de première nécessité dans la plupart des pays de l'Europe, quoiqu'il y ait encore des pays entiers où l'on en connoît à peine l'usage.

Plus la civilisation fera de progrès, plus l'aisance et la richesse s'étendront, plus l'homme acquerra de besoins factices et de moyens pour y satisfaire, plus les objets de première nécessité et de consommation générale augmenteront, et plus la masse du peuple sera heureuse. Le plus magnifique souverain du pays des Cafres ou des Iroquois ne connoît pas la dixième partie des aisances de la vie dont jouit le paysan le plus pauvre de l'Europe, et qui sont des objets de première nécessité pour lui. C'est pour ne pas avoir médité ces vérités de fait que tant de gens s'écrient contre tel ou tel impôt, comme affectant des objets de première nécessité, tandis qu'ils en proposent ou adoptent, sans hésiter, d'autres qui les affectent d'une manière bien plus sensible et plus gênante pour le contribuable.

CHAPITRE IX.

Les impôts sur les objets de consommation générale sont préférables à ceux sur les objets de luxe.

C'est par les raisonnements que nous avons présentés dans le chapitre précédent, raisonnements aussi simples, que les faits qui les appuient sont notoires, qu'on peut combattre victorieusement ce système de finances, qui a aujourd'hui tant de partisans, système aussi stérile dans ses résultats qu'arbitraire dans son exécution, et qui consiste à n'imposer que des objets de luxe, à ne vouloir adopter que ceux qui tombent directement et en apparence sur le riche, tandis qu'indirectement et en réalité ils écrasent le pauvre. Peu importe aux partisans de ce système que les impôts soient directs ou indirects, réels ou personnels, *pourvu que le riche soit imposé sans pitié*, pour me servir de l'expression littérale d'un des orateurs qui ont parlé tout récemment sur cette matière.

L'intention de ces citoyens est, je n'en doute pas, de soulager la classe ouvrière qui compose l'immense majorité du peuple, et tout bon citoyen partage ce vœu avec eux; mais la question est de savoir si, en imposant les riches, on atteindra ce but. Si, au contraire, en suivant cette marche, on diminue avec le nombre des riches la masse des richesses, de consommation et de travail; si on fait resserrer les capitaux et hausser l'intérêt de l'argent, principaux agents de l'industrie et du commerce, qui donnent de la valeur aux productions de l'agriculture, tandis qu'en imposant les objets de première nécessité ou de consommation générale, on atteindroit vraiment le riche qui paye en dernière analyse la hausse des salaires résultante de ces sortes d'impôts, alors il est évident qu'avec les meilleures intentions, les partisans du système que je combats écrasent le pauvre qu'ils vouloient soulager, et produisent des effets absolument opposés à ceux qu'ils en attendoient.

Je n'ai jusqu'ici employé que les raisonnements les plus simples et les faits les plus notoires, pour démontrer les avantages incalculables qu'ont les impôts indirects mis sur les objets de consommation générale, comparativement aux impôts réels sur les objets de luxe, et plus encore comparativement aux impôts personnels sur les riches. Je vais maintenant terminer cet assemblage de preuves par quelques raisonnements généraux, dont chacun suffiroit pour décider irrévocablement la question, si cette généralité même ne les rendoit pas plus difficiles à saisir par la multitude, qui n'a ni le temps ni les moyens, et par conséquent point la bonne volonté d'y donner l'attention nécessaire.

La richesse des propriétaires fonciers, les seuls dont la fortune soit ostensible, et par conséquent susceptible d'un impôt direct moins inégal et arbitraire, se compose, 1° de leur revenu; 2° de la valeur vénale des propriétés qui le produisent.

Or ce revenu, étant composé de différentes productions du sol, dont chacune a chaque année une valeur différente, tant en argent que relativement à tous les autres objets vendables, tout impôt mis en argent sur ce revenu, d'après sa valeur moyenne pendant plusieurs années, sera nécessairement chaque année arbitraire et inégal, non seulement suivant la valeur directe en argent qu'aura cette année telle ou telle production qui compose le revenu principal de la propriété imposée, mais encore suivant la valeur relative de cette même production avec toutes les autres.

Vingt muids de vin, par exemple, si la consommation, la demande, et la quantité, sont les mêmes que l'année dernière, auront cette année-ci une même valeur directe; mais si le blé, les bestiaux, les étoffes, le sucre, etc., sont en moindre quantité et plus demandés qu'ils ne l'étoient, les mêmes vingt muids de vin n'ont plus la même valeur relative, et par conséquent ne sont plus une aussi grande richesse pour le propriétaire. Cependant une taxe sur ce dernier, établie en raison de son revenu seul, ne peut être la même.

Mais la taxe qui est interposée entre la vente du vin et l'achat des autres denrées (la taxe sur les consommations) ne sera pas la même, parceque le produit de la vente du vin étant employé à acheter d'autres objets de nécessité, d'agrément ou de caprice, le propriétaire des vingt muids de vin en aura acheté moins en raison de leur cherté, et aura par conséquent payé une moindre taxe.

Dans la taxe directe, qu'elle soit personnelle ou foncière, le propriétaire voit donc diminuer, par une réduction fixe et déterminée de sa richesse, la quantité des objets qu'il peut se procurer. Dans les taxes sur les consommations, au contraire, le contribuable ne paye plus qu'une taxe divisée et répartie sur les diverses jouissances, et qui, s'étant en quelque sorte identifiée avec le prix des objets de ces jouissances, s'établit naturellement dans la plus exacte proportion des facultés de chaque contribuable, et se prête à toutes les variations possibles de sa fortune.

Quant au capital des propriétaires fonciers, qui consiste dans la valeur vénale de leurs propriétés, il est évident que cette valeur doit diminuer avec chaque impôt établi ou proposé seulement sur les riches, par la seule crainte qu'aura tout possesseur d'argent, ou d'autres valeurs équivalentes, d'employer ses fonds en acquisitions de propriétés foncières et ostensibles qui le mettroient dans l'impossibilité de se soustraire à la taxe. Sous ce rapport, la diminution que les impôts sur les riches produisent dans la richesse nationale est au-delà de toute idée que s'en forme le public, quoique certainement il ne faille ni raisonnements abstraits, ni calculs compliqués, pour s'en convaincre.

En effet, si le revenu net annuel de toutes

les propriétés foncières de la France est de 1500 millions, ce qu'il est au moins en y comprenant les départements réunis, et notamment la ci-devant Belgique, chaque année ou chaque denier de diminution dans le prix vénal des terres produira, rien que numériquement, une diminution réelle d'un milliard et demi dans la richesse des propriétaires fonciers. Je dis *rien que numériquement*, car ce seroit bien autre chose si l'on pouvoit calculer le tort irréparable que fait une pareille diminution des capitaux à la reproduction, au crédit, et à l'industrie. Si les partisans des impôts progressifs se doutoient seulement qu'un impôt de quelques millions dans ce genre peut produire une perte réelle de plusieurs milliards, ils y regarderoient à deux fois avant d'en faire la proposition.

CHAPITRE X.

Enumération détaillée et raisonnée de tous les impôts existants en Angleterre en 1797. Inductions qu'on en doit tirer en faveur des impôts sur les objets de consommation générale, et contre les impôts sur le luxe ou sur les riches.

A L'APPUI des impôts sur le luxe ou sur les riches, qu'on voudroit introduire en France, on cite souvent les impôts sur les mêmes objets établis en Angleterre. Il est donc essentiel de faire voir, par une énumération détaillée et raisonnée de tous les impôts existants actuellement en Angleterre, combien l'on est généralement dans l'erreur à cet égard.

Tous les impôts, toutes les taxes levées en Angleterre, y sont communément rangés en six classes, qui sont :

1° La taxe sur les terres et la drêche ;

2° Les douanes (en anglois *customs*) ;

3° L'accise (en anglois, *excise*) ; impôt assez analogue à nos anciens droits d'aides ;

4° Le timbre (*sampt*), qui comprend le droit d'enregistrement;

5° Les taxes assises (*assessed taxes*), qu'on devroit nommer *taxes levées par des assesseurs,* parceque c'est de là qu'elles tirent leur nom, et qui portent en grande partie sur des objets de luxe;

6° Les taxes accessoires (*incidents*), composées principalement du produit de la loterie et des postes.

On peut et l'on devroit même y ajouter la taxe pour l'entretien des routes levée aux barrières.

Examinons chacune de ces classes en détail.

PREMIÈRE CLASSE.

Taxe sur les terres et sur la drêche.

1° La taxe sur les terres et celle sur la drêche étant annuelles et destinées à faire face aux dépenses de chaque année devroient varier, et être tantôt plus fortes, tantôt plus foibles, et quant au taux et quant au produit; il y a cependant près d'un siècle qu'elles ont très peu varié.

La taxe sur les terres a été accordée par le Parlement pendant cent trente-cinq années de suite, et chaque fois pour une année seulement. Soixante-huit années en ont porté le taux à 4 shellings pour livre sterling, composée de 20 shellings, c'est-à-dire au cinquième du revenu, tel qu'il est évalué par l'usage; et c'est là le taux le plus fort qui ait jamais été accordé.

Mais, cette évaluation ayant été faite il y a plus d'un siècle, lorsque le revenu net de toute la Grande-Bretagne ne passoit pas 10 millions sterling en argent, tandis qu'aujourd'hui il s'élève à plus de 25, la taxe actuelle sur les terres, loin de faire le cinquième du revenu net, ne va pas au douzième, en prenant le terme moyen. Je dis le *terme moyen;* car la répartition, par districts ou cantons des deux millions sterling qui forment la totalité de la taxe sur les terres, a également pour base l'évaluation du revenu net de ces districts, tel qu'il existoit il y a plus de cent ans. Et, comme depuis cette époque la richesse et la population d'une partie de ces districts a considérablement augmenté en proportion de celle des autres, il s'ensuit que dans tel district on paye presque le cinquième du revenu net, tandis que dans d'autres on ne paye que le vingtième, le cinquantième, et dans quelques uns même, tels que celui de la paroisse de Mary-Boue à Londres, le centième seulement.

Ces faits incontestables prouvent deux choses : la première, que depuis plus d'un siècle le revenu net des propriétaires de la Grande-Bretagne a été par-tout en augmentant, parcequ'autrement il se trouveroit des districts où la taxe actuelle passeroit le cinquième du revenu net, taux primitif auquel elle a été fixée dans le temps, ce qui n'existe nulle part, tandis qu'il y a des districts où nous avons vu que la taxe emportoit à peine le centième de ce revenu. La seconde, qui n'est qu'une conséquence de la première, est que la totalité de la taxe, qui ne va qu'à deux millions sterling, doit être extrêmement modique relativement à la fortune des propriétaires imposés, parcequ'autrement une disproportion aussi énorme que celle dont nous venons de parler révolteroit non seulement les contribuables les plus maltraités, mais tous ceux qui auroient quelque idée de la justice distributive.

Pour mieux pouvoir se rendre raison de l'extrême modicité de cette taxe, il faut se rappeler ce que nous avons vu plus haut, que la richesse des propriétaires fonciers, et par conséquent leurs ressources et moyens pour payer l'impôt ne consistent pas seulement dans le revenu, mais dans leur capital, ou, en d'autres mots, dans la valeur vénale des propriétés qui fournissent ce revenu. Or, non seulement le revenu des propriétaires fonciers en Angleterre est incomparablement plus fort aujourd'hui qu'il ne l'étoit autrefois, tant à cause du perfectionnement de l'agriculture qu'à cause du renchérissement des productions du sol et du débouché étendu et facile que leur offrent les communications de l'intérieur, le développement d'une industrie active, et un commerce très étendu au-dehors; mais le capital de ces mêmes propriétaires a plus que triplé, puisque les terres, qui alors ne se vendoient qu'au denier 10, se vendent aujourd'hui au denier 30 et 40. Je ne m'arrêterai pas ici à démontrer comment la valeur vénale des terres influe sur la facilité qu'ont les propriétaires à payer l'impôt; c'est une de ces vérités qu'il suffit d'indiquer pour qu'elles frappent tous les esprits justes et impartiaux; quant aux autres, il faut renoncer à leur rien démontrer.

Enfin il est essentiel d'observer que, quoiqu'il y ait en Angleterre une énorme inégalité dans la répartition entre les districts, il n'y en a pas dans la répartition qui regarde les contribuables du même district, qui tous payent proportionnellement à leur revenu comparé avec celui de leurs voisins. Or, il est de fait qu'une répartition vicieuse entre les masses ou cantons choque beaucoup moins, sur-tout si l'impôt en général est modique, qu'une répartition inégale entre les individus de la même commune, jaloux les uns des autres, et mieux à même d'apprécier cette injustice relative.

La taxe sur les terres comprend, comme chez nous, l'impôt foncier sur les maisons, quoique ces dernières soient encore assujetties à un autre impôt, qui fait partie des taxes assises (1); elle comprend de plus une taxe sur le revenu de plusieurs offices et charges. En admettant qu'elle soit le cinquième du revenu d'évaluation primitive, taux qui a été accordé constamment depuis nombre d'années, la taxe

---

(1) Plusieurs objets se trouvent ainsi assujettis à deux taxes différentes. C'est ainsi que la bière, après avoir été taxée indirectement à la fabrication par l'impôt mis sur la drêche, paye encore un fort impôt à la vente, sous le titre d'accise. Cette dernière taxe est encore levée sur une foule d'articles, tels que le vin, le café, etc., qui ont déja payé à leur importation la taxe des douanes.

sur les terres rapporte annuellement deux millions sterling, tous frais déduits (1).

A la taxe sur les terres il seroit naturel de joindre celle des pauvres, qui passe aujourd'hui trois millions sterling, et qui est perçue avec autant et même plus de rigueur que la taxe sur les terres. La raison pourquoi la plupart des écrivains ne l'y ajoutent pas est la

---

(1) Un bill passé cette année, conformément à la proposition du Chancelier de l'Échiquier, a non seulement rendu *perpétuelle* la taxe sur les terres, mais a autorisé le Gouvernement à en aliéner le capital, pour diminuer les dépenses, en amortissant à-la-fois une partie considérable de la dette publique. On vient même d'ouvrir un bureau pour cet objet, où les propriétaires qui voudront se racheter du paiement annuel de la taxe sur leurs propriétés, ou les capitalistes qui, au défaut des propriétaires, voudront acheter cette taxe comme un revenu annuel, en donnant en paiement des effets de la dette publique, doivent faire leur déclaration. Ce n'est pas ici le lieu de développer et de discuter ce plan tellement hardi et gigantesque, on peut même dire effronté, qu'il n'y a que l'extrême besoin, joint à l'extrême confiance dans la puissance du crédit public en Angleterre, qui ait pu faire concevoir l'idée de sa possibilité. Aussi voit-on que, dans le travail ci-dessus, j'ai calculé et raisonné comme si cette opération financière, qui dans le fait n'est encore que commencée, n'existoit pas.

même pour laquelle on ne trouve cet impôt dans aucun budjet ; c'est qu'elle ne fait partie d'aucune des dépenses auxquelles le Parlement est chargé de pourvoir.

La taxe des pauvres, au reste, diffère essentiellement de la taxe sur les terres, 1° en ce qu'elle est répartie et levée, non par les préposés du fisc, mais par les habitants de chaque paroisse, et sur eux-mêmes; 2° en ce qu'elle est fixée par ces derniers, chaque année, proportionnellement au nombre et aux besoins des pauvres de chaque paroisse, ce qui la rend beaucoup plus variable que la taxe territoriale, qui, par des raisons politiques connues, et qu'il seroit trop long de déduire ici, est restée à-peu-près la même depuis plus de cent ans; 3° en ce qu'en général elle est plus proportionnée au revenu net des cantons, vu qu'elle n'est pas perçue d'après l'évaluation ancienne de ce revenu, mais d'après sa valeur actuelle.

Ce n'est pas ici le lieu de détailler les nombreux inconvénients de cette taxe, dont le fardeau commence à être extrêmement pénible pour bien des paroisses; on les trouve exposés avec beaucoup de clarté et de force dans l'ouvrage de Mac-Farland sur les pauvres.

La taxe sur la drêche, dont se fait la bière,

comprend également une taxe perçue à la fabrication sur le cidre, le poiré et le *mum*, autre espèce de bière; elle a été uniforme depuis nombre d'années, et produit annuellement 750 mille livres sterling.

DEUXIÈME CLASSE.

Douanes.

2° Les *douanes.* Sous ce titre sont compris tous les droits mis sur l'exportation et l'importation. Les articles qui y sont sujets sont si nombreux, et les droits si variés, relativement à la qualité des marchandises, au pays dont elles viennent, et au navire dans lequel elles sont importées et exportées, que le manuel ou catalogue de ces droits, qui sert de guide aux préposés de la douane, forme un volume considérable in-folio. Le produit net de tous ces droits en 1797 a été de cinq millions sterling.

Ici se présente une observation extrêmement importante; c'est que, malgré les visites très rigoureuses et minutieuses, malgré les vexations sans nombre, les droits énormes et les amendes épouvantables qui accompagnent la perception de cet impôt, c'est cependant celui qui en Angleterre excite le moins de murmures, et qui s'y perçoit avec le plus de facilité. On peut ajouter qu'il en est à-peu-près de même dans tous les pays où ces droits ne sont perçus qu'aux frontières ou sur les côtes. La raison en est si simple, qu'il est inconcevable que presqu'aucun des écrivains célèbres en économie politique ne l'ait pas même indiquée. C'est que les droits se percevant à la circonférence de l'Empire, et ne se percevant que là, les formes vexatoires ne sont sensibles qu'aux marchands et voyageurs qui sortent du pays ou qui y entrent, et qui n'y sont même assujettis qu'une seule fois; dans l'intérieur on ne s'en aperçoit que pour les marchandises prohibées. C'est cette considération importante qui donne un avantage si marqué à l'impôt proposé sur le sel *perçu à l'extraction*, sur tous les autres impôts indirects qui nécessitent au moins des commis pour la perception dans l'intérieur. De ce qu'on vient de lire, il ne faut cependant pas conclure que les taxes des douanes, lorsqu'elles ne sont pas établies et proportionnées avec beaucoup de prudence et de justesse, ne puissent devenir très funestes, par les entraves qu'elles mettent alors au commerce et au développement d'une foule de branches d'industrie.

Au reste, les principaux articles qui composent le revenu des douanes sont les droits sur le tabac, sur le sucre brut, dont le peuple en Angleterre fait une consommation immense (l'importation du sucre raffiné est prohibée), sur le rhum, sur l'eau-de-vie, et surtout sur le thé, tous objets de consommation générale et presque de première nécessité en Angleterre. Viennent ensuite les droits sur le vin, qui rapportent environ 400 mille livres sterling, ceux sur les mousselines des Indes, sur la porcelaine de la Chine, et quelques autres articles consommés uniquement par les riches.

TROISIÈME CLASSE.

L'Accise.

3° L'accise est la branche la plus productive de tous les impôts, puisqu'elle a rapporté en 1797 sept millions et demi sterling. Les principaux articles qui y sont sujets sont les eaux-de-vie (*distilled spirits*), la bière, le thé, le café, le savon, la chandelle, le cuir, les tuiles et briques, tous objets de consommation générale, à l'exception du café, qui est beaucoup moins en usage en Angleterre qu'en France, parcequ'il y est remplacé par le thé. Les eaux-de-vie sur-tout, qui avec la bière fournissent près des trois quarts de tout le produit de l'accise, sont presqu'exclusivement consommées par les classes les plus pauvres. On a déja observé que plusieurs articles, tels que le thé et le café, payoient en outre un droit d'entrée aux douanes, comme la bière en paye un à la fabrication, connu sous le nom de taxe sur la drêche.

QUATRIÈME CLASSE.

Le timbre.

4° Le timbre (*stamps*) comprend, sous cette nomination, à-peu-près tous les articles qui en France sont sujets soit au timbre, soit au droit d'enregistrement, avec cette différence toutefois que le droit du timbre est incomparablement plus fort en Angleterre, tandis que celui d'enregistrement l'est incomparablement plus en France. Car tandis qu'une feuille périodique, qui chez nous paieroit cinq centimes, en paye au moins cinquante en Angleterre, une terre de dix mille livres de rente, aliénée soit par rente, soit par succession, et qui en France paieroit au moins deux mille écus de droit d'enregistrement, ne paiera pas deux guinées en Angleterre; la plupart des actes de cette nature ne payent même que deux ou trois shellings.

Le produit net de cet impôt s'est élevé à quatorze cent mille livres sterling.

CINQUIÈME CLASSE.

Les taxes assises.

5° Les taxes assises ou levées par des assesseurs (*assessed taxes*) sont composées des articles suivants :

La taxe sur les maisons et les fenêtres, qui comme l'on voit, est un véritable impôt foncier, est portée à	800,000 liv. st.
Celle sur les boutiques ou sur la vente en détail...........	850,000
Celle sur les domestiques...	150,000
Celle sur les chevaux, qui *comprend ceux des charretiers, voituriers, et laboureurs*.....	200,000
Celle sur les voitures, *qui comprend les charrettes*......	300,000
Les 10 pour 100 sur quelques	
	2,300,000

D'autre part. . .	2,300,000
taxes.	150,000
Pour la permission de porter des cheveux poudrés.	200,000
La taxe sur les chiens, et quelques autres de peu d'importance.	50,000
TOTAL pour une année ordinaire	2,700,000

Je dis *pour une année ordinaire*, parceque l'année dernière les taxes assises ayant été *triplées* pour trois années consécutives, afin de faire face aux dépenses extraordinaires de la guerre, sans recourir à un nouvel emprunt, il faut porter cet article pour cette année et pour les deux suivantes, au moins à quatre millions et demi sterling de *plus* : je dis, *de plus*, parceque ces taxes, au lieu d'être triplées, sont réellement quadruplées. En effet, les anciennes taxes, qui, comme nous venons de voir, ont produit l'année dernière 2,700,000 livres sterling, étant déja hypothéquées pour le paiement des intérêts des emprunts précédents, Pitt ne pouvoit y toucher pour faire place aux dépenses présumées de 1798. Ainsi le triplement de ces taxes, triplement dont le produit est affecté à ces dépenses, doit être regardé comme indépendant des taxes existantes, qui, comme l'on voit, se trouvent quadruplées par le fait. Quelques membres de l'opposition les ont même appelées taxes quintuplées, parce-que l'augmentation de l'année précédente les avoit déja portées au double. Aussi le produit de ces taxes triplées, au lieu d'être de 4,500,000 livres comme il est mis ici, et comme il est porté par aperçu dans le dernier budjet, devroit s'élever à 8,100,000 livres sterling. Mais d'abord on y a fait pendant les débats plusieurs changements qui ont considérablement diminué le taux de quelques taxes, et puis quand on triple, d'un trait de plume, une somme aussi considérable en impôts de cette espèce, assis en majeure partie sur des objets de luxe, et perçus directement sur les consommateurs qui en font usage, il faut compter sur beaucoup de non-valeurs, et se rappeler qu'en finances deux et deux ne font pas quatre.

SIXIÈME CLASSE.

Les taxes accessoires.

6° Les taxes accessoires (*incidents*) composées, en majeure partie, de la loterie, du revenu des postes et d'un impôt sur le sel, produisent ensemble environ 1,400,000 livres sterling, *somme dans laquelle le droit sur le sel entre pour* 400,000 *livres sterling.*

RÉCAPITULATION.

La taxe sur les terres et sur la drêche	2,750,000 liv. st.
Les douanes	5,000,000
L'accise	7,500,000
Le timbre	1,400,000
Les anciennes taxes assises	2,700,000
Les taxes assises triplées, telles qu'elles sont évaluées dans le budjet	4,500,000
Les taxes accessoires	1,400,000
TOTAL (1) des taxes levées en Angleterre dans le courant d'une année, non compris la taxe des pauvres	25,250,000

(1) Remarquez que, pour obtenir ce total de 25,250,000

De tous ces impôts, la taxe seule sur les terres et la drêche est annuelle et a besoin d'être consentie par le Parlement tous les ans (1). Les cinq autres, qu'on appelle par cette raison *permanentes*, ne sont plus à sa disposition, ayant été engagés pour le paiement des intérêts et pour l'amortissement du capital de la dette publique.

---

livres sterling, je n'ai pris que le produit net qu'ont donné en 1797 les taxes permanentes, produit qui, d'après le compte officiel et authentique présenté au Parlement, ne s'est élevé qu'à 17,960,240 liv. sterl., non compris le triplement des taxes assises, qui n'a été voté que cette année. Le total (ce total, pour l'année, finissant au 10 octobre 1814, s'est élevé à 63,461,814 liv. sterl.), au lieu de 25 millions sterl., passeroit 28, si l'on avoit pris pour base le produit de ces mêmes taxes permanentes, tel qu'il a été évalué par Pitt pour l'année 1798, qui le porte par aperçu à 25 millions et demi. Il est en général essentiel d'observer que, depuis quelques années, le produit des impôts indirects, en Angleterre, a été tellement en augmentant, soit par l'élévation des anciennes taxes, soit par l'addition de nouvelles, soit enfin par l'accroissement de la consommation, que le budjet et les comptes d'une année surpassent toujours de plusieurs millions sterling ceux de l'année précédente.

(1) Voyez la note de la page 75.

CHAPITRE XI.

Réflexions sur les taxes levées en Angleterre; rapprochement de leurs résultats avec ceux des revenus de la France.

TOUT ce que nous avons présenté dans le chapitre précédent fait naître trois réflexions assez importantes. La première est que dans le pays qui, en fait de législation financière, se croit le plus libre et le plus éclairé de l'Europe, près de 18 millions sterling de taxes annuelles sont indépendantes du consentement du Parlement (il y en auroit près de 25, si l'on regardoit comme permanentes les 4,500,000 liv. sterling au moins résultantes du triplement des taxes assises), qu'il n'y en a pas pour 3 millions qu'il puisse consentir ou refuser. Il y a plus; si le rachat de la taxe sur les terres s'effectue, il n'y aura plus de taxe annuelle que sur la drêche, qui rapporte 750,000 liv. sterling. Toutes les autres seront permanentes et indépendantes du Corps législatif.

La seconde réflexion est qu'à l'exception

des 4,500,000 liv. sterl. que produira, pendant trois années, le triplement des taxes assises, et que l'extraordinaire de la guerre a déja mangées cette année d'avance, il ne reste, sur toutes les taxes, que 2,750,000 liv. sterl. pour faire face à toutes les dépenses ordinaires (1) de l'État, autres que celles de la dette publique et de la liste civile, dépenses qui, d'après les calculs assez exacts de Morgan, s'élèvent, *en temps de paix*, à 6,550,000 liv. sterl.; en sorte que, quand même la guerre seroit terminée demain, et qu'il fût possible de mettre sur-le-champ l'armée et la marine sur le pied de paix, il faudroit toujours, même en temps de paix, lever annuellement, soit *par de nouvelles taxes*, soit par un emprunt de 3,800,000 liv. sterl. (plus de 90 millions de notre monnoie), uniquement pour faire face aux dépenses ordinaires, jusqu'à ce que

(1) Quant aux dépenses extraordinaires, les Anglois n'y pourvoient jamais par des taxes, mais par des emprunts, parcequ'ils ont pour principe constant, et dont ils n'ont jamais dévié, que les dépenses ordinaires doivent se prendre sur les revenus, tandis que les dépenses extraordinaires doivent s'acquitter par des capitaux. Nous allons incessamment discuter ce principe.

la caisse d'amortissement ait éteint une portion un peu considérable de la dette publique.

La troisième réflexion est qu'en Angleterre le paiement des intérêts de la dette publique, non compris les 1,200,000 liv. sterl. affectées à la caisse d'amortissement, et qui n'y vont pas toujours, absorbe annuellement plus de 17 millions sterl. sur la totalité des taxes, qui ne va qu'à 21 millions, en déduisant les 4,500,000 liv. déja absorbées, résultantes du triplement des taxes assises. Ces intérêts absorbent donc près des six septièmes de la totalité du produit de tous les impôts, tandis qu'en France ils n'en font pas le cinquième (1), même en y comprenant les pensions, comme on le fait par un abus dont je n'ai jamais pu concevoir le motif.

(1) Encore faut-il porter les intérêts de la dette publique et les pensions à 89 millions (sur lesquels il y a au moins 36 millions de viager), et admettre que les impôts nécessaires pour faire face aux dépenses ordinaires s'élèvent à 420 millions, à quoi les porte le budjet déja décrété, si l'on y ajoute les 3 millions décrétés depuis pour l'augmentation de la dépense du Corps législatif. La proportion deviendroit encore plus avantageuse pour nous, si, comme cela doit être, on réduisoit par le calcul les

En Angleterre, les mêmes intérêts, comparés à toute la dépense ordinaire, sont dans le rapport de 17,000,000 à 6,550,000, ou presque triple ; chez nous ils sont dans le rapport de 80 millions à 420 millions, c'est-à-dire moins que le cinquième, ce qui produit à notre avantage le rapport composé de un à quinze, sans compter (ce qu'on ne sauroit répéter assez) les avantages incalculables qui résultent d'une population plus que triple, et d'un territoire plus que quadruple, situé sous le plus beau climat de l'Europe.

Et cependant leurs consolidés, qui ne rapportent que 3 pour cent, se soutiennent à près de 50 ; tandis que notre tiers consolidé, qui doit rapporter 5 pour cent, a de la peine à approcher de 20.

Mais c'est qu'en Angleterre l'on a constam-

---

36 millions de viager en perpétuel, pour les comparer avec les intérêts de la dette angloise, qui est toute de cette dernière espèce, et si, d'un autre côté, on ajoutoit aux dépenses qu'absorbe celle-ci la moitié seulement des 1200 mille liv. sterl. affectées à la Caisse d'amortissement. Le cinquième ci-dessus alors se réduiroit presque au septième ; et le rapport, composé de 1 à 15, dont il est parlé plus bas, deviendroit 1 à 20.

ment fait et l'on fait encore les plus grands efforts pour soutenir le crédit public, en accordant, d'un côté, au Gouvernement toutes les ressources nécessaires pour faire face aux dépenses (sans balancer un instant), même à celles d'une guerre qui est loin d'avoir pour elle l'opinion publique; et en respectant, d'une autre part, constamment et avec une fidélité inviolable, les engagements de l'Etat envers ses créanciers. Il est remarquable que, tandis que chez nous les ressources nécessaires pour faire face aux dépenses de l'an 7, demandées et présentées par le Gouvernement dès le premier messidor dernier, ne sont pas encore décrétées, et ne le seront probablement pas encore avant un mois; tandis que même une partie des ressources décrétées par la Loi du 9 vendémiaire est restée sans Lois d'exécution jusqu'à ce jour; le Parlement d'Angleterre, auquel se joignit alors le parti de l'opposition, quoiqu'il désapprouvât le but et les moyens du Ministre, a voté, l'année dernière, après une discussion qui n'a duré que dix-neuf jours (depuis le 25 novembre jusqu'au 14 décembre), et qui n'a pas absorbé quatre séances, tout le budjet, y compris le triplement des taxes permanentes, avec un emprunt qui finira par amener une autre triplure pour l'année suivante. Aussi le crédit public s'est-il soutenu chez eux, en dépit de tous les désastres de l'intérieur et de l'extérieur, en dépit de la révolte de presque toutes leurs escadres et du soulèvement de l'Irlande.

Nous avons tout ce qu'il faut pour les imiter en ce qu'ils font de bon, et pour faire mieux qu'eux ; nos ressources, qui toutes sont réelles, sont infiniment supérieures aux leurs, dont la plupart sont précaires ; il ne s'agit que de les faire valoir, en accordant promptement au Gouvernement celles qui lui sont nécessaires pour relever le crédit public, crédit qui dépend de l'opinion qu'a le public des moyens du Gouvernement, et pour continuer la guerre, si l'ennemi ne veut pas faire la paix, et pour payer, même en temps de guerre, les créanciers de l'Etat. Si nous ne les avions pas ces moyens, j'aurois gémi en secret, au lieu de faire une comparaison affligeante entre notre situation et la leur, relativement au crédit public et au paiement des impôts.

CHAPITRE XII.

Nouvelles réflexions sur les taxes levées en Angleterre. Nouveaux rapprochements.

Nous avons vu que la totalité des impôts levés dans l'année, par le Gouvernement, sur le peuple anglois, s'élevoit au moins à 25 millions 250 mille livres sterling ; et comme les intérêts de la dette publique en absorbent la majeure partie, il n'y a pas d'apparence que d'ici à bien des années cette somme diminue, tandis qu'il est certain qu'elle augmentera si la guerre continue.

En multipliant ces 25 millions 250 mille livres sterling par 24, on trouvera 606 millions de francs, ce qui, comparé aux 600 millions décrétés cette année pour nos dépenses ordinaires et extraordinaires, et aux 616 millions décrétés de même l'année dernière, ne paroît guère s'accorder avec ce que j'ai dit ci-dessus, que le peuple anglois payoit au moins 50 millions d'impôts plus que nous.

Mais il ne faut pas perdre de vue,

1° Qu'aux 606 millions de francs ci-dessus il faut ajouter au moins 3 millions sterling ou 72 millions de francs pour la taxe des pauvres, et un million sterling ou 24 millions de francs pour la dîme, ce qui porte le total des impôts levés en Angleterre à 702 millions de notre monnoie, sans y comprendre les 500 mille livres sterling à quoi peut se porter la taxe d'entretien pour les routes, et sans compter que le produit du triplement des taxes assises a été évidemment évalué trop bas dans le budjet;

2° Que ni les 600 millions décrétés cette année, ni les 616 décrétés l'année dernière, ne sont pas à beaucoup près entièrement composés d'impôts; car nous avons vu ci-dessus que des 616 millions il falloit en déduire 177, composés de revenus et autres ressources étrangères au produit des impôts décrétés pour l'an 6, ce qui réduit ces derniers à 439 millions; encore faut-il en retrancher au moins 40 millions pour les impôts qui, quoique décrétés, n'ont pas été mis en recouvrement dans l'année, ou ne l'ont été que vers la fin, tels que celui sur le tabac, sur les hypothèques, et celui sur le droit de passe, ainsi que pour les impôts qui, comme le droit d'enregistrement, ont donné un produit inférieur à l'évaluation portée dans l'état des recettes.

Nous avons vu de même que dans les 603 millions destinés pour les dépenses de l'an 7 entroient 97 millions 500 mille francs, composés de ressources qui n'ont rien de commun avec les impôts décrétés pour la même année, impôts qui se réduisent à 502 millions 500 mille francs; en sorte que l'assertion ci-dessus, loin d'être exagérée, se trouve fort au-dessous de la réalité, même en ajoutant à nos impôts, comme on le doit, 60 millions de francs pour les dépenses locales qui, cette année, sont à la charge des départements et communes, et doivent être acquittées partie en sous pour livre prélevés sur les contributions directes, et partie en impôts indirects assis sur les objets de consommation des grandes communes.

Que seroit-ce si aux impôts levés sur le peuple anglois on ajoutoit les taxes levées en Irlande, dont il n'est aucunement question dans cet ouvrage, qu'on ne comprend jamais ni dans le budjet, ni dans aucune énumération des impôts payés par le peuple anglois, quoique ces taxes s'élèvent à plus de 4 millions sterling, dont une partie est accordée au Roi pour sa liste civile, tandis qu'une autre sert à entretenir un corps considérable de troupes angloises cantonnées en Irlande?

A ces faits il faut en ajouter un autre très important, c'est que le degré de perfection et de régularité auquel on a poussé en Angleterre la levée des impôts, même les plus mal assis, joint à une longue expérience, a mis le Gouvernement en état de savoir, à très peu de chose près, d'avance, le produit net que rapportera chaque taxe dans l'année, en sorte qu'à l'exception des taxes quadruplées, la somme que le peuple paye en impôts (non compris les frais de perception) est toujours, en réalité, égale à celle que porte l'évaluation du budjet. Chez nous, au contraire, la plupart des impôts directs et indirects ayant toujours rapporté beaucoup moins que la somme à laquelle on en évalue le produit dans l'aperçu des recettes, il s'ensuit que la totalité des impôts levés a été constamment inferieure à celle des impôts décrétés, et que le peuple en a payé d'autant moins, *sans que pour cela il s'en soit trouvé beaucoup mieux*.

Quant au retard qu'éprouve chez nous chaque année la mise en activité du recouvrement des impôts décrétes, comparé à l'exactitude avec laquelle ils se lèvent en Angleterre, cela tient principalement à trois circonstances.

1° L'augmentation des taxes, qui a eu lieu en Angleterre depuis plusieurs années, consiste moins dans des impôts nouveaux qu'il faut organiser, que dans l'augmentation des taxes existantes, dont la perception est toute organisée et en activité. Chez nous, qui, pendant quelques années, avions presqu'entièrement renoncé aux impôts indirects, et où l'on a payé pendant long-temps en valeurs nominales les impôts directs, il a fallu organiser chaque nouvel impôt décrété, et pour ainsi dire réorganiser ceux qui existoient.

2° La plupart des taxes en Angleterre sont organisées de manière à pouvoir être levées toutes par les mêmes préposés du fisc, ce qui rend le recouvrement bien plus prompt et plus facile.

3° L'organisation de l'impôt et tous les détails d'exécution étant, en Angleterre, abandonnés au Gouvernement, le Parlement doit nécessairement discuter moins, et décider plus vite.

CHAPITRE XIII.

Examen de la masse des impôts levés en Angleterre, comparée à celle qui s'y lève sur les objets de première nécessité et de consommation générale.

EXAMINONS maintenant quelle est, dans la masse des impôts levés en Angleterre, la portion assise sur les objets de luxe et sur les propriétaires fonciers, comparée à celle qui se lève sur les objets de première nécessité et de consommation générale, afin de nous convaincre combien sont faux les préjugés qu'on entretient chez nous à ce sujet.

Rappelons-nous d'abord que la dénomination d'objets de première nécessité et de consommation générale attachée de préférence à telles ou telles denrées ou marchandises n'est que relative, et dépend absolument des habitudes qu'un peuple a contractées dans sa manière de vivre, jointes au plus ou moins d'aisance dont jouissent les individus. Le riz, qui chez nous est presque une denrée de luxe, est un objet de première nécessité en Chine, où il remplace le pain. Dans beaucoup de provinces en Allemagne, l'habitude a fait du café un objet de première nécessité pour ce qu'on y appelle le bas peuple, au point que le garçon de charrue ne travailleroit pas, ou travailleroit mal, s'il n'avoit pas pris une tasse de café avant d'aller aux champs. Ces gens regardent ce déjeûner comme plus nourrissant et plus économique que tout autre. Le thé et l'eau-de-vie, dont la majeure partie des François se passent, sont des objets de première nécessité en Angleterre. Vouloir les y classer parmi les objets de luxe, sous le prétexte qu'on peut fort bien s'en passer, c'est comme si chez nous, parmi les objets de luxe, on rangeoit le vin dans les pays vignobles, la bière ou le cidre dans les départements où ces liqueurs sont la boisson journalière du peuple; les châtaignes dans le ci-devant Limousin, etc. etc., parceque la majorité des François se passent soit de vin, soit de cidre, soit de bière, soit de châtaignes, et qu'un sauvage se passe même de tous ensemble.

Cela posé, la totalité des taxes levées en Angleterre monte, comme nous avons vu, à 5 millions 250 mille livres sterling ; sur quoi il y a en impôts assis sur les propriétaires fonciers et sur les objets de luxe :

	liv. sterl.
1° La taxe sur les terres, qui se monte à	2,000,000
2° Les taxes perçues aux douanes sur le vin, sur les marchandises venant de l'Inde (le thé excepté, qui est un objet de consommation générale), et sur d'autres articles de moindre valeur, qu'on peut regarder comme servant de préférence à l'usage des riches. C'est porter le taux bien haut que de l'évaluer à. .	800,000
3° La taxe levée par les officiers de l'accise sur le café et sur quelques autres articles qui en Angleterre ne sont point d'un usage général. . . .	200,000
4° Le produit du timbre.	1,400,000
	4,400,000

D'autre part.		4,400,000
5° Parmi les taxes assises ou levées par des assesseurs :		
La taxe sur les maisons et fenêtres.	800,000	
Celle sur les boutiques	850,000	
Celle sur les domestiques.	150,000	
Celle sur les chevaux .	200,000	
Celle sur les voitures de luxe, et non compris les charrettes, qui la payent également. . . .	200,000	2,600,000
Les dix pour cent. . .	150,000	
Celle sur les cheveux poudrés.	200,000	
Celle sur les chiens. .	50,000	
Pour le triplement de ces mêmes taxes, d'après l'évaluation du budjet, environ.		4,000,000
6° Les taxes accessoires, consistant dans la loterie et la poste aux lettres, et non compris celle sur le sel, qui est un objet de première nécessité		1,000,000
Total.		12,000,000

Ainsi, en portant au plus haut les taxes levées sur les objets qui ne sont pas de première nécessité et d'une consommation générale, elles ne font pas la moitié de la totalité des impôts, tandis que les taxes levées sur la drêche et la bière, sur l'eau-de-vie, sur le tabac, le sucre brut, le thé, le savon, la chandelle, les boutiques de détail, etc., qui servent principalement à l'usage de la multitude, forment plus de la moitié du tout.

Je dis *en portant au plus haut* les premières; car, à la rigueur, on devroit en retrancher l'impôt sur les terres, qui n'est autre chose qu'un impôt sur le blé ou sur le pain, et la partie sur-tout de cet impôt que payent les petits laboureurs, la taxe sur les maisons, en tant qu'elle est payée par les ouvriers, journaliers et autres gens peu aisés, la majeure partie de la taxe sur les boutiques, pour tout ce qui regarde la vente en détail des objets de première nécessité, une grande partie de la taxe du timbre et du port des lettres, qui n'est pas payée par les riches, etc. Tout cela devroit être déduit des 12,000,000 livres sterling ci-dessus, parceque tous ces objets sont vraiment de première nécessité et de consommation générale. En faisant cette distraction, il ne resteroit pas un quart en impôts assis *directement* sur les riches ou sur des objets de luxe. Je dis *directement*, parcequ'en dernière analyse c'est toujours le riche qui paye les salaires et, par conséquent, la nourriture des pauvres qu'il fait travailler et qu'il emploie.

Encore est-il essentiel d'observer que la plupart des taxes sur les objets de luxe n'ont été établies que dans les derniers temps, lorsque les dépenses, augmentées au-delà des bornes, exigeoient des ressources trop considérables, et sur-tout trop instantanées, pour que le Gouvernement osât les prendre en entier sur les objets de consommation générale, soit en augmentant la taxe de ceux qui étoient déja imposés, soit en chargeant d'une taxe ceux qui ne l'étoient pas encore. Le renchérissement subit de ces objets, qui auroit été la conséquence inévitable de taxes aussi disproportionnées, n'auroit pas manqué de le dépopulariser auprès de la masse du peuple qui en fait un usage journalier, d'autant plus que la guerre elle-même qui occasionnoit ces dépenses n'étoit pas assez populaire pour faire passer par-dessus ces inconvénients, et encore moins pour créer des impôts personnels et extraordinaires, que l'enthousiasme seul pourroit faire adopter en Angleterre; il a bien fallu alors que le Gouvernement recourût malgré lui aux objets de luxe. Le timbre extravagant mis sur les gazettes et le triplement des taxes assises, établies la majeure partie sur des objets de luxe, sont deux exemples frappants de cette vérité. Le premier impôt a déja donné des non-valeurs qui ont forcé de renoncer à l'augmentation qu'on avoit projetée; il y auroit même eu un déficit considérable sur la taxe actuelle, si d'une part les gazettes n'étoient pas en Angleterre une espèce de denrée de première nécessité, et si d'un autre côté il étoit possible de faire la moindre fraude sur le timbre. Quant aux taxes assises triplées, Pitt est déja convenu dane son dernier rapport qu'elles donneront encore davantage de non-valeurs, sans compter le tort qu'elles peuvent faire à plusieurs branches d'industrie qu'elles affectent.

CHAPITRE XIV.

Les impôts sur les objets de luxe ne peuvent être perçus, et la fraude sur ceux qui y sont soumis ne peut être surveillée, si les préposés ne sont pas entretenus par la perception d'un impôt plus productif. Mode et effets de cette surveillance en Angleterre. Conséquences qu'on en doit tirer.

Nous devons aller plus loin dans nos conséquences. Les impôts sur les objets de luxe, pour peu qu'ils soient outrés (et il est impossible qu'ils ne le soient pas, si l'on veut que le produit couvre les frais), ne peuvent être perçus à moins d'être accompagnés d'autres impôts plus productifs sur les objets de consommation générale, parceque les mêmes employés qui sont chargés de la perception de ceux-ci veillent à la fraude qui pourroit se commettre sur les premières, fraude si tentante et si facile, que, sans la surveillance la plus active et la plus multipliée, ces impôts ne rendroient rien. Aussi la perception des impôts indirects, en général, est-elle accompagnée en Angleterre de formes si vexatoires, qu'on a de la peine à concevoir comment un peuple qui se dit si jaloux de sa liberté, et sur-tout de la liberté individuelle, qui ne connoît ni ne veut connoître ni passe-ports, ni gendarmerie, puisse se soumettre aux formes inquisitoriales des employés de l'accise et d'autres impôts, formes que nécessite principalement la perception des taxes sur des objets de luxe. En voici quelques échantillons pris de faits notoires et aisés à vérifier.

Il est d'abord de principe général en Angleterre que les préposés à la levée des impôts, et sur-tout les officiers de l'accise, peuvent faire toutes les descentes et visites domiciliaires, même arrêter les gens chargés dans les rues, pourvu qu'ils puissent prouver que ces vexations étoient fondées sur des probabilités qui autorisoient un soupçon légitime de fraude. On sent aisément toute la latitude qu'on peut donner dans la pratique à un pareil principe.

Cela posé, le café, qui a déja payé un fort droit d'entrée aux douanes, en paye un second à la vente en détail, ou lorsqu'il est brûlé. Pour que cette taxe ne fût pas illusoire, il a bien fallu non seulement défendre à tout marchand de débiter du café brûlé sans une patente qui assujettit à une déclaration et à la visite des employés, mais il a fallu défendre encore à tout particulier de brûler du café chez soi pour son propre usage. D'après cela, l'odeur du café brûlé suffit pour autoriser une visite domiciliaire dans la maison d'où cette odeur paroît se répandre.

Nous avons vu que le plus fort du produit de l'accise provenoit de la vente en détail de l'eau-de-vie et d'autres liqueurs spiritueuses. Pour percevoir ce droit, il a fallu défendre à tout citoyen de distiller de l'eau-de-vie, de brasser de la bière, etc., sans une patente qui assujettit encore à des déclarations et à des visites de la part des officiers de l'accise. Il est défendu en outre à tout citoyen de transporter d'un magasin ou d'une cave à l'autre plus de deux galons d'eau-de-vie à-la-fois, sans *un congé de remuage*. (Voyez le Dictionnaire des Aides de l'ancien régime.) D'après cela, les commis peuvent arrêter dans la rue tout porteur ou voiturier chargé d'un tonneau, ou d'un vase contenant plus de deux galons, lorsqu'il sent l'eau-de-vie, ou qu'il y a d'autres soupçons justifiables de fraude.

Mais ce n'est pas là tout. Ceux qui vendent

de la bière, de l'eau-de-vie, du vin, du savon, de la chandelle, du café, du thé, des cuirs et autres objets sujets aux droits d'accise, sont obligés de remettre *chaque semaine*, aux officiers de l'accise, un état de tout ce qu'ils ont vendu de chaque article, et de ce qui leur reste encore en magasin. Sous l'ancien régime on punissoit le *trop bu*, ici c'est le *trop vendu*.

Ajoutez à cela la liste énorme de denrées et marchandises étrangères absolument prohibées, et qui autorisent les officiers de la douane, non seulement à les saisir par-tout où ils les trouvent, mais même à faire des visites domiciliaires, lorsqu'ils ont des probabilités suffisantes pour justifier le soupçon de fraude. Ces messieurs ne se font pas le moindre scrupule d'enlever de chez un tailleur un habit tout fait, pour peu qu'il y ait de l'étoffe étrangère, ne fût-ce même que la doublure; ils culbutent et confisquent une boutique entière pour une paire de gants, ou pour un éventail fabriqué en France. Joignez-y le timbre sur les chapeaux, qui les autorise à se saisir de tout chapeau qui ne porte pas cette marque; une taxe qu'on avoit projetée sur ceux qui portent des montres, qui au besoin les auroit assujettis à une visite de gousset, et à laquelle on a été forcé de renoncer, parcequ'elle affectoit trop l'horlogerie; enfin ajoutez à tout cela des amendes si extravagantes, que la valeur de toutes les marchandises de la plus belle boutique ne suffiroit souvent pas pour payer l'amende que la Loi établit pour la vente d'un échantillon, et que la plupart du temps les employés se contentent de la saisie des marchandises, parceque le fraudeur ne pourroit payer l'amende que par la prison. Réunissez tous ces faits, et puis dites-moi si des taxes outrées (et celles sur le luxe ne sauroient être modiques) ne sont pas un des plus grands fléaux qui puissent affliger la société? Aussi, sans la grande force de l'opinion publique qui s'oppose, en Angleterre, beaucoup plus que la Loi, aux vexations trop multipliées ou trop évidentes, et sans l'excellente composition des jurys, qui, dans toutes les contestations de cette espèce, décident le fait, la perception de ces impôts dégénéreroit en une tyrannie insupportable.

Mais, dira-t-on, comment faire pour que les impôts indirects n'entraînent pas chez nous les mêmes formes vexatoires qui accompagnent les taxes établies en Angleterre, ou qui accompagnoient les impôts indirects de l'ancien régime, et que cependant on puisse en tirer un produit suffisant pour ne pas être forcé de lever des impôts directs assez forts pour nécessiter des garnisers, qui sont incontestablement un fléau encore plus redoutable que les visites?

La réponse est simple. D'une part, il faut renoncer absolument à tout nouvel impôt qui porteroit sur les personnes en raison de leur fortune présumée, ou sur les objets de luxe, en raison de la consommation *présumée* que peuvent en faire les riches. Il faut se pénétrer, une fois pour toutes, de cette vérité démontrée par le raisonnement, et prouvée par l'expérience de tous les temps et de tous les pays, que tous ces impôts sont d'une rentrée incertaine, d'un misérable produit, d'une perception difficile, dispendieuse et arbitraire, qu'ils sont d'ailleurs toujours nuisibles au développement de l'industrie, et dérangent la juste proportion entre les salaires dus aux ouvriers, c'est-à-dire à la classe la plus considérable du peuple.

D'un autre côté, il faut, avec une contribution foncière modérée, et par cela même plus facile à répartir, adopter, autant que possible, et de préférence à tous les autres, les impôts indirects sur les objets de première nécessité et de consommation générale, comme les seuls productifs, les seuls dont la rentrée soit journalière et bien suivie, qu'on peut rendre les moins onéreux aux contribuables, et qui, lorsqu'ils sont modiques, comme ils peuvent toujours l'être dans un grand Etat, ne peuvent jamais apauvrir une nation, ni entraver son industrie.

Je dis : *dans un grand Etat;* parceque c'est là sur-tout que les taxes établies sur les objets de consommation générale peuvent être modiques et productives à-la-fois. Pour s'en convaincre, il suffit de considérer qu'un centime par jour, payé de cette manière par 30 millions d'individus, rapporte près de 110 millions de francs par an. Ce calcul, que tout le monde peut faire, contient le plus fort argument que je connoisse en faveur des impôts dont il s'agit.

Ici se présente une autre considération importante, relativement aux impôts sur les riches et sur les objets de luxe. Ce qui a engagé bien des gens à leur donner la préférence est l'exemple de Hambourg, Francfort, Gênes, Venise et beaucoup d'autres petits Etats de cette espèce, et notamment de la plupart des villes anséatiques et villes libres d'Allemagne, qui n'ont guère mis d'impôts sur les objets de première nécessité, et qui cependant font face à toutes leurs dépenses. Mais on ne fait pas attention que les Etats qu'on cite, ayant concentré dans les temps d'ignorance, et aux dépens de leurs voisins, un grand commerce et beaucoup de richesses dans un petit territoire, et pour ainsi dire dans la seule ville capitale, le nombre des gens riches ou aisés y est proportionnellement beaucoup plus grand, et le nombre des consommateurs beaucoup moindre que dans les grands Etats. En conséquence, les impôts sur les riches peuvent y rapporter suffisamment de quoi faire face aux dépenses publiques, quoique généralement très fortes (1), et cependant n'être pas outrés au point de produire les effets de l'impôt progressif qui, avec les riches, chasse les richesses, tandis que des impôts modiques sur des objets de consommation générale n'y produiroient presque rien.

---

(1) Toutes autres choses égales, l'administration d'un petit État est toujours plus dispendieuse en proportion que celle d'un grand. Si la France, au lieu d'être composée de cent départements, étoit divisée en cent petites républiques souveraines et indépendantes, les dépenses publiques absorberoient la totalité du revenu net, et il n'y auroit par-tout que pauvreté et misère.

CHAPITRE XV.

De la distinction des dépenses en ordinaires et extraordinaires. Les dépenses extraordinaires doivent toujours être acquittées par des capitaux. Nécessité d'un crédit public.

Après avoir traité la partie de notre budjet qui regarde la distinction des impôts, nous devons dire un mot de celle des dépenses en ordinaires et extraordinaires.

Quoique cette distinctiou soit évidemment fondée en raison, et essentielle même dans tout bon système de finances d'un grand Etat, elle est cependant regardée comme absolument inutile par beaucoup de gens, d'ailleurs très instruits, et cela avec d'autant plus d'apparence de raison, que jusqu'ici elle n'a réellement produit d'autre effet que de séparer une fois par an des chiffres sur l'état des dépenses et recettes. A quoi sert, dit-on, de distinguer les dépenses de la guerre, par exemple, en ordinaires et extraordinaires, lorsqu'il faut payer les unes et les autres, non seulement à la-fois, mais avec les premiers fonds disponibles? A-t-on jamais vu affecter tel ou tel impôt, ou ce qui seroit encore plus impraticable, telle ou telle portion des impôts à une dépense ordinaire, et telle autre à une dépense extraordinaire? Et quand cela seroit possible, pourra-t-on jamais commencer par payer une partie des troupes comme comprises dans les dépenses ordinaires, et se dispenser de payer les autres comme comprises dans les dépenses extraordinaires, en attendant que les fonds de l'extraordinaire rentrent? A quoi serviroient ces sacs à étiquettes, etc., etc.?

Mais ces raisonnements erronés, et l'inutilité dont a été jusqu'ici en général la distinction entre les dépenses ordinaires et extraordinaires, ne viennent que d'une autre erreur radicale, qui consiste à croire que cette distinction doit servir à séparer les fonds destinés aux deux espèces de dépenses, tandis que le seul but pour lequel de grands administrateurs et les écrivains les plus distingués en économie politique l'ont inventée, est de distinguer les moyens par lesquels on doit pourvoir aux dépenses extraordinaires : moyens qui diffèrent essentiellement de ceux par lesquels on doit pourvoir aux dépenses ordinaires.

Ceci mérite un développement plus étendu.

Quelqu'impôt qu'on imagine, qu'il soit direct ou indirect, réel ou personnel, assis sur des objets de première nécessité ou sur ceux de luxe, il aura toujours l'inconvénient inséparable de tout impôt, de détourner l'argent que paye le contribuable pour acqûitter sa quote-part, de la route que cet argent auroit prise naturellement, si l'impôt n'avoit pas existé. Et, comme cette route ne peut être autre que celle qui tend, soit à la consommation, soit à un emploi productif; tout impôt dont le produit n'est pas employé sur-le-champ à la confection de canaux, à l'entretien des routes, à l'encouragement de l'agriculture, du commerce et de l'industrie, sera plus ou moins nuisible à la reproduction, source de toute richesse.

Mais cet inconvénient inévitable sera à peine sensible, tant que l'impôt ne tombe que sur les revenus, et que la partie qu'il en absorbe n'enlève pas en même temps au contribuable les fonds nécessaires, soit pour faire à la terre les avances que la culture et la reproduction exigent, soit pour continuer la branche particulière d'industrie qui le fait vivre.

Or, cet inconvénient n'aura pas lieu tant que les impôts ne serviront qu'à acquitter les dépenses ordinaires, qui même sous l'administration la plus mauvaise, et à côté du plus grand désordre, ne peuvent pas absorber au moins dans un petit nombre d'années la majeure partie, et à plus forte raison la totalité du revenu net des imposés. Les réclamations deviendroient trop fortes et trop générales pour qu'un pareil abus pût subsister; aussi tout ce qui peut arriver de pis dans le cas où les dépenses ordinaires excèdent le produit des impôts destinés à y pourvoir, c'est que le Gouvernement, par des opérations plus ou moins ruineuses, suivant la nature de son crédit, anticipe sur les impôts de l'année suivante. Les capitaux des contribuables qui servent à la reproduction restent généralement intacts.

Mais il n'en est pas de même des dépenses extraordinaires. Comme elles ont pour objet la guerre, qui est un état hors nature; comme dans le systême militaire moderne adopté par toutes les Puissances de l'Europe, et inhérent peut-être à tout Etat policé, il est impossible à aucun peuple de la faire éternellement et sans interruption; ces dépenses sont toujours supérieures aux ressources que peuvent fournir les revenus des contribuables. On ne peut donc y pourvoir que par des moyens extraordinaires, indépendants de ces revenus.

Il en est à cet égard du plus grand Empire du monde comme du plus petit particulier. Le revenu de ce dernier peut et doit bien défrayer sa table, payer ses domestiques, l'entretien ordinaire de son habitation et de ses fermes, et acquitter en général toutes ses dépenses ordinaires. Mais lorsqu'il veut bâtir une maison, faire des plantations, dessécher des marais, etc., ou faire toute autre dépense extraordinaire, il faut bien qu'il ait recours à des moyens extraordinaires, c'est-à-dire, qu'il vende ou aliène une partie de son fonds, ou qu'il emprunte. Qu'arrive-t-il alors dans l'un et l'autre cas, soit qu'il vende ou qu'il emprunte? Il diminuera son revenu annuel futur de cinq, six ou huit pour cent qu'il auroit retirés du fonds vendu, ou qu'il auroit été dispensé de payer en intérêts, s'il n'avoit pas emprunté. Mais en revanche il ne se privera pas des avances nécessaires pour entretenir ses possessions en bon état; il se procurera même, ou conservera du moins des capitaux avec lesquels il améliorera son fonds, au point d'élever promptement son revenu au-delà de ce qu'il étoit avant l'emprunt ou la vente partielle qu'il a faite.

Il y a plus ; ce que je viens de dire d'un particulier acquiert encore bien plus de force à l'égard d'un Gouvernement, lorsqu'on considère l'économie incalculable que des ressources aussi instantanées peuvent produire dans ses dépenses par l'amélioration des marchés qu'il est forcé de contracter pour y pourvoir. L'expérience prouve que, dans l'hypothèse la moins favorable pour lui, c'est sacrifier dix pour cent d'un côté pour en gagner vingt-cinq de l'autre. Cette vérité est trop évidente, et d'ailleurs trop fortement sentie aujourd'hui, pour que j'aie besoin d'y insister davantage.

Je sais bien que plusieurs écrivains anglois (Crawford entre autres) ont avancé qu'au commencement de la guerre il valoit mieux lever à-la-fois, par des impôts, tout le capital nécessaire pour les dépenses extraordinaires, afin de profiter de l'enthousiasme momentané de la nation, qui la fait consentir aux plus grands sacrifices, que de lever seulement les fonds nécessaires pour acquitter les intérêts, que le peuple ne paiera plus qu'en murmurant, lorsque son enthousiasme sera refroidi.

Quelque plausible que paroisse ce raisonnement, ce n'est au fond qu'un véritable sophisme. La première et la meilleure réponse à cet argument est celle-ci : quand même une nation entière seroit assez stupide (ce qu'on peut tout au plus admettre de la part de la multitude ignorante et aveugle) pour vouloir sacrifier *inutilement* tout son revenu, et paralyser l'agriculture, l'industrie et le commerce, en les privant de toutes les avances annuelles que la reproduction dans les trois branches exige, tandis que par des moyens plus simples elle pourroit en conserver la majeure partie, le Gouvernement, qui n'est pas celui de Machiavel ou de Pitt, doit-il jamais se servir de cet enthousiasme irréfléchi autrement que pour le bien des gouvernés? Doit-il jamais le regarder comme un moyen d'en faire des dupes, contre ses propres intérêts?

Ah! si l'argent levé par des impôts sur les contribuables n'étoit que celui de leurs épargnes, s'il ne servoit pas à faire reproduire la terre et l'industrie, si l'enlèvement des avances, résultat d'impôts immodérés, ne rendoit pas le sol aussi stérile qu'il rend les bras impuissants, on pourroit essayer cette méthode, contre laquelle il n'y auroit alors plus à objecter que l'improbabilité du succès (1).

En effet, comment lèveroit-on au commencement d'une guerre, *uniquement par des impôts*, les fonds nécessaires pour la terminer, lorsqu'on ne peut jamais savoir, même à quelques années près, combien de temps elle durera ? Est-il même physiquement possible de lever uniquement par des impôts, dans une année ou même dans deux, les fonds qu'il faut pour pouvoir faire la guerre pendant trois ou quatre ? La plus grande abondance de numéraire et la circulation la plus active permettroient-elles une pareille opération ? Cependant, pour profiter de l'enthousiasme, il faut imposer dès le commencement et pendant le peu de temps qu'il dure. L'enthousiasme

---

(1) On pourroit encore demander pourquoi la génération actuelle s'épuiseroit, se ruineroit, en payant le capital des dépenses extraordinaires, pour décharger gratuitement la génération future, qui, en justice et en conscience, peut bien acquitter une partie de ces frais par le paiement des intérêts du capital emprunté, en supposant qu'il ne soit pas amorti à cette époque.

en général est une fièvre qu'il est difficile de prolonger, mais un enthousiasme bisannuel ou trisannuel, qui fait payer *des impôts* pendant deux ou trois années de suite, est la plus insigne des chimères. Pourquoi trouve-t-on tant de citoyens guerriers qui affrontent la mort avec bravoure, lorsque le salut de la patrie le demande, tandis qu'on trouve si peu de citoyens contribuables qui payent d'avance leur contribution foncière, lorsque la patrie peut en avoir un besoin tout aussi urgent que de leur courage? C'est que dans le premier cas l'action est héroïque, et n'exige que l'enthousiasme du moment, tandis que dans le second, c'est le résultat d'efforts constants et de privations multipliées et pénibles.

Il faut donc que les dépenses extraordinaires soient acquittées par des moyens extraordinaires, par des capitaux ; et c'est sous ce point de vue que la distinction des dépenses en ordinaires et extraordinaires, loin d'être inutile ou un objet de pure spéculation, comme elle l'a été jusqu'ici, devient de la plus haute importance.

Mais, dira-t-on, quelles sont pour nous les ressources extraordinaires auxquelles nous pouvons recourir.

Ce ne sont point les contributions levées en pays ennemi; quelque considérables qu'elles soient, elles ne couvrent jamais qu'une petite partie des dépenses de la guerre. Ce ne peut guère être un emprunt en numéraire, fondé sur un impôt dont on affecteroit le produit, soit au paiement des intérêts, soit au paiement des annuités qui en opéreroient le remboursement successif. Cette ressource, je n'en doute aucunement, sera productive plutôt qu'on ne pense; mais, dans le moment actuel, le crédit public n'est pas assez affermi pour qu'on puisse, avec quelque apparence de succès, ouvrir un emprunt qui n'auroit pour hypothèque que les impôts en recouvrement qui sont absorbés par la dépense journalière, et présentent tous plus ou moins de déficit; ou ceux qu'on pourroit créer, et dont la mise en activité exigeroit plus ou moins de temps. Il n'y a donc que les biens nationaux, qui depuis le commencement de la révolution ont toujours été notre ressource, et qui peuvent encore cette fois-ci pourvoir aux 125 millions de dépenses extraordinaires, annoncées par le dernier message du Directoire exécutif.

Je supposerai d'abord comme base fondamentale, comme préliminaire indispensable, que le Corps législatif complètera, le plus promptement possible, les 603 millions décrétés pour les dépenses ordinaires et extraordinaires de l'an 7, ce qui dans les circonstances actuelles paroît moralement impossible, à moins qu'on n'adopte les différents moyens proposés par les Ministres et par la Commission des finances, moyens auxquels celle-ci a déclaré n'en pouvoir substituer d'autres. Sans ce complément, la ressource même des biens nationaux sera peu efficace, parceque, pour en tirer parti, il faut, comme nous le verrons tout à l'heure, que le Gouvernement ait du crédit, et qu'un des principaux éléments de ce crédit consiste dans des impôts dont la perception soit aussi facile que le produit assuré et considérable.

Et qu'on ne croye pas que ceci soit en contradiction avec ce que j'ai dit tout à l'heure, que les dépenses extraordinaires doivent être acquittées avec des capitaux, de préférence aux impôts pris sur les revenus. Car, pour se procurer ces capitaux, il faut recourir ou aux délégations sur le produit de la vente des biens nationaux, ou aux emprunts ; or le Gouvernement ne peut négocier les premières, ni ouvrir ceux-ci, s'il ne jouit pas d'un certain crédit. Et comment établir ce crédit, si l'on ne présente pas des rentrées certaines, suffisantes pour assurer l'acquit des dépenses journalières et urgentes, même dans le cas où les délégations ne pourroient être négociées, ni l'emprunt rempli? Or ces rentrées certaines se trouveront toujours de préférence dans les impôts sur les objets que tout le monde consomme.

On voit de quelle importance est le crédit public pour le Gouvernement, puisqu'il ne peut même s'en passer, s'il veut retirer des biens nationaux une ressource prompte et efficace. On voit combien est erroné le systême de ceux qui, croyant ménager les intérêts du peuple, se récrient contre les impôts les moins sensibles et les plus productifs, lorsqu'ils tombent sur des objets de première nécessité que le pauvre achète et consomme comme le riche, mais que celui-ci paye toujours en dernière analyse pour le premier, lorsqu'il le fait travailler ou qu'il l'emploie. C'est bien un autre impôt sur le peuple que l'absence du crédit public, qui résulte de ce que le Gouvernement manque de fonds pour remplir les engagements qu'il a contractés, même lorsqu'ils ne seroient pas à l'abri de la critique;

car il vaut infiniment mieux dans ce cas tenir un mauvais marché, que de s'exposer à être *forcé* d'en faire de plus mauvais encore, avec des gens fondés à suspecter votre bonne foi. C'est là, n'en doutons pas, la vraie cause des dilapidations, de la corruption et de l'immoralité qui peuvent s'être glissées dans différentes administrations, et dont on se plaint. Non seulement on est mal servi lorsqu'on ne paye pas bien, mais un seul créancier à qui l'on refuse son dû fait qu'on est obligé de donner des prix exorbitants et ruineux à ceux là même qu'on paye bien.

Mais nous ne faisons que répéter ce que tout le monde sait : il reste, non pas à démontrer (car cet axiome a été démontré mille fois par tout ce qu'il y a eu d'administrateurs éclairés et d'écrivains distingués en politique), mais à répéter ce que tout le monde ne sait pas, et ce que beaucoup de gens qui le savent bien feignent d'ignorer, ou ne veulent pas entendre; savoir, que la fidélité avec laquelle le Gouvernement remplit ses engagements envers les créanciers de l'Etat enrichit l'universalité des contribuables, *et donne à tous les moyens de payer les impôts.*

CHAPITRE XVI.

Quels sont les effets réels du crédit. Moyens odieux et répréhensibles dont les Gouvernements se servent pour y suppléer, lorsqu'ils n'en ont pas.

Une des erreurs les plus funestes en économie politique, erreur qui malheureusement est presque générale, et à laquelle nous devons en grande partie la fâcheuse situation de notre crédit public, est de croire qu'il ne sert qu'à fournir au Gouvernement des ressources, ou plutôt des moyens d'emprunter, tandis que son principal avantage est d'enrichir les gouvernés, en augmentant la masse des richesses mobiliaires et des capitaux qui servent à la reproduction, et alimentent l'industrie. Cette erreur a deux suites également funestes.

D'abord, comme on a vu que plusieurs souverains se sont servis de leur crédit pour satisfaire leur ambition ou leurs caprices, pour dépenser outre mesure, pour commencer ou prolonger inutilement une guerre désastreuse et injuste, etc., on en conclut qu'il vaudroit mieux que le Gouvernement n'eût pas de crédit du tout. Où en serions-nous s'il falloit renoncer à tous les biens dont l'abus peut être nuisible?

Je n'insisterai pas sur l'injure très gratuite que l'on fait aux gouvernants d'un peuple libre, en supposant qu'ils abuseront du crédit public, parceque plusieurs princes plus ou moins despotes ont abusé de cet avantage. La meilleure réponse à faire à cette objection futile est de faire voir, par des faits, que quand même cet abus auroit lieu, il ne prouveroit absolument rien contre l'utilité du crédit public, parceque l'abus seroit mille fois pire, si ce crédit n'existoit pas.

En effet, qu'auroient fait les princes pour satisfaire leur ambition, s'ils n'avoient pas eu le crédit dont on leur reproche l'abus? ils auroient imposé, vexé, pillé. On ne soutiendra certainement pas que le Comité du salut public, qui sous le régime de la terreur gouvernoit la France, eut beaucoup de crédit. Il auroit ouvert tous les emprunts imaginables, que sans la terreur il n'auroit pas placé un coupon. Comment remplaçoit-il donc ce crédit?

en faisant enlever l'or et l'argent par-tout où on le trouvoit, en faisant incarcérer ceux qui ne l'apportoient pas, en envoyant des armées révolutionnaires pour rançonner les riches, en créant un *maximum*, en requérant toutes les denrées et marchandises qui étoient requérables, et enfin en faisant battre monnoie sur la place de la révolution. N'auroit-il pas mieux valu qu'il abusât de son crédit? Eh bien, tout Gouvernement assez pervers ou insensé pour abuser du crédit public, afin de pouvoir satisfaire son ambition ou ses caprices, au lieu d'y renoncer, parceque le crédit lui manque, cherchera à remplacer ce crédit par des moyens qui approcheront plus ou moins de ceux de Robespierre, et du Gouvernement révolutionnaire. On voit par là que si la crainte qu'ont ou feignent d'avoir ceux qui voudroient voir le Gouvernement sans crédit étoit aussi réelle qu'elle est imaginaire, le crédit, loin d'être un mal, même dans cette hypothèse, seroit au contraire un excellent préservatif contre des maux mille fois pires que ceux qu'ils redoutent.

Et c'est ici le cas d'insister sur une des vérités de fait les plus importantes pour l'humanité, quoiqu'elle paroisse ne fixer l'attention de personne, c'est qu'un des élémens les plus essentiels d'un bon Gouvernement, et sur-tout d'un Gouvernement doux, est un bon systême de finances, basé sur ce même crédit public qu'on ne croit utile qu'au Gouvernement même. Ce n'est pas qu'avec cette donnée on puisse avoir un Gouvernement qui ne soit ni l'un ni l'autre, et l'Angleterre en est une preuve; mais il est impossible d'avoir long-temps un bon Gouvernement sans elle. Et même, lorsque le Gouvernement est mauvais, le crédit public en atténue beaucoup les mauvais effets, en l'adoucissant souvent malgré lui, parceque, pour conserver ce crédit, il a besoin de ménager l'opinion publique. Jamais la terreur n'auroit enfanté ni maximum, ni réquisition; elle n'auroit peut-être pas même existé, si ceux qui étoient alors à la tête du Gouvernement avoient cru pouvoir trouver dans le crédit public et dans un bon systême de finances de quoi faire face à leurs dépenses.

Le second effet de cette erreur funeste est que le Gouvernement qui croit que le crédit public ne sert qu'à lui procurer des ressources, dans la faculté d'emprunter, soit des fournisseurs, soit des gens à argent, paye de préférence ceux qui lui offrent de ces ressources, et laisse dans l'arriéré ceux qui en ont fourni, parcequ'ils ne veulent ou ne peuvent plus continuer. Quand une fois ce système prévaut, non seulement tout crédit public est perdu, mais rien ne peut plus empêcher le désordre, le gaspillage et l'accroissement effrayant des dépenses qu'entraînent cette immoralité et ces injustices relatives. Le fournisseur qui voit son confrère ruiné par un arriéré tâche de faire des prix tels, et de prendre en général des précautions telles, que, s'il est mis à l'arriéré à son tour, il ait mis de côté des avances. Un autre en fait autant, et ainsi de suite, tant que cela peut durer, si toutefois il est possible que cela dure long-temps. Quant aux anciennes dettes, aux rentes constituées, on n'y songe pas seulement ; tandis qu'en les payant dans le temps, on se seroit épargné le désagrément d'être obligé de contracter de nouvelles dettes beaucoup plus onéreuses.

C'est ainsi, et toujours par suite de cette erreur capitale, que, d'une part, le Gouvernement ne reçoit pas *à temps* les ressources nécessaires pour soutenir le crédit public, tandis que, d'un autre côté, il ne tire pas tout le parti qu'il pourroit des ressources qu'il a. Un impôt de

10 millions décrété et mis en recouvrement six mois plus tôt en épargneroit souvent un de 30 millions, devenu indispensable six mois plus tard; comme 10 millions payés à propos aux rentiers peuvent, par l'amélioration du crédit public et par l'activité de la circulation qui en résultent, faire rentrer 30 millions de contributions arriérées pour subvenir aux besoins du service.

CHAPITRE XVII.

Dans un Gouvernement bien constitué il ne doit y avoir aucune différence entre le crédit particulier du Gouvernement et le crédit public. Effets inévitables de la violation faite aux engagements de l'Etat. Quelle est la puissance du crédit public. Ressources qu'en ont obtenues, dans leurs révolutions, la Hollande et l'Amérique Septentrionale. Exemple aussi récent que sensible que fournit dans ce moment même l'Angleterre, et qui prouve, d'une manière irrésistible, les effets incalculables du crédit public relativement au paiement des impôts.

TELLES sont les suites déplorables de cette erreur capitale, qui consiste à regarder le crédit public uniquement comme un moyen qui procure au Gouvernement la facilité d'emprunter, tandis qu'il est à-la-fois l'instrument le plus puissant dont il puisse se servir pour rendre heureux les peuples, pour faire fleurir l'agriculture, le commerce et l'industrie, *et par conséquent pour faciliter le paiement des impôts.* Sous ce rapport, on peut distinguer le crédit public du crédit du Gouvernement, quoique dans une bonne législation, et sous une bonne administration, l'un et l'autre doivent être confondus. Le premier consiste à remplir les engagements envers les créanciers de l'Etat, quelles que soient la date et la nature de leurs créances, le second se borne à payer exactement ceux qui font des avances pour les dépenses journalières du service. Et, quoiqu'il soit très possible que le Gouvernement se procure des ressources passagères, en soutenant momentanément son crédit particulier, sans s'inquiéter du crédit public ou du paiement des rentes, il est cependant physiquement impossible qu'avec des dépenses tant soit peu considérables il continue long-temps cette marche avec succès. La raison en est bien simple : c'est que les ressources nécessaires pour faire face aux dépenses du Gouvernement, et pour soutenir ce crédit partiel, ne pouvant consister que dans le produit des impôts, ce dernier, loin d'augmenter avec les besoins de l'Etat, diminue nécessairement avec les moyens des gouvernés pour payer. Et comment ces moyens ne diminueroient-ils pas, lorsque l'absence du véritable crédit, le non paiement des rentes constituées, enlèvent à la circulation une masse aussi considérable de richesses mobiliaires et de capitaux, empêchent d'en former de nouveaux, ôtent à beaucoup de familles les moyens et le crédit nécessaires pour continuer leur industrie, et à des milliers d'autres les moyens de vivre? Y a-t-il rien qui s'oppose davantage à l'accroissement de la richesse nationale et de la prospérité publique? Et quand même, à l'aide du crédit partiel dont je viens de parler, le Gouvernement pourroit momentanément remplir les coffres du Trésor public, ils seront bientôt vides si les gouvernés ne sont pas assez riches pour pouvoir les remplir. Sous ce rapport, le non paiement des rentes est une véritable calamité publique, qui a pour résultat final l'impossibilité de pouvoir payer personne et d'être payé de qui que ce soit.

Veut-on se convaincre de l'importance de ce paiement sur tous les autres, quant à l'influence sur la richesse nationale? Il n'y a qu'à jeter les yeux sur un budjet quelconque, sur le premier état de dépenses et de recettes, et supposer que, par une économie, ou par tout autre moyen, le Gouvernement puisse retrancher dix millions de dépenses d'un département, quel qu'il soit, que ce soit celui de la guerre, de la marine, de l'intérieur, ou tout autre, *sans que le service en souffre;* quelques individus en pâtiront, mais tout le monde le bénira. Qu'au lieu de cela, il retranche les mêmes dix millions sur le paiement des arrérages de la dette publique, que je suppose exactement payés, en sorte que le capital soit au pair ou à-peu-près, comme il l'étoit autrefois en France, et comme il l'étoit en Angleterre avant le commencement de la guerre actuelle. Qu'arrivera-t-il de cette économie mal entendue? D'une part, le milliard et demi de richesses mobiliaires, à quoi j'évaluerai le capital de la dette publique, sera sur-le-champ réduit de moitié et au-delà, ce qui détruira non seulement 750 millions de capitaux réels, mais le double et le triple de cette somme en ressources et valeurs de crédit dont pouvoient disposer les propriétaires des rentes. D'un autre côté, les 300 mille rentiers qui partageoient entre eux ces capitaux seront en grande partie ruinés, rien que par la perte du crédit et de la richesse d'opinion, qui vaut une richesse réelle, tant qu'elle subsiste. Ils seront au désespoir, et le Gouvernement aura fait des milliers de malheureux et de mécontents, lorsqu'il dépendoit de lui de s'en faire bénir en conservant leur propriété. Enfin, les fonds publics baissant, le Gouvernement perdra proportionnellement sa considération au-dehors, et sera moins respecté, par cela seul qu'on lui croira moins de moyens pour faire face à ses dépenses à l'aide du crédit public. Quelle différence !

Il seroit inutile de démontrer ici, par des raisonnements et par la théorie, ce qui a été démontré tant de fois par des écrivains dont le nom seul fait autorité, qu'une dette publique dont les arrérages sont bien payés, et par conséquent proportionnés aux facultés des contribuables, facilite le paiement des impôts, par l'activité incalculable que les capitaux représentés par les fonds publics donnent à l'industrie et au commerce, et par la valeur proportionnée qu'en reçoivent les productions de l'agriculture, activité telle, que même en Angleterre, où cependant l'on paroît avoir excédé à cet égard toutes les bornes raisonnables, les *efforts de l'industrie*, en prenant ce mot dans toute son étendue, *semblent avoir marché de pair avec les progrès de la dette publique.*

Mais ce qui n'est pas inutile, c'est d'appuyer par des faits ces raisonnements et cette théorie, qu'on trouve développée dans presque tous les écrivains modernes qui ont traité de l'économie publique. En voici quelques uns qui sont trop notoires pour qu'on puisse les contester.

Quoique la République batave n'ait point essuyé une révolution aussi longue et aussi orageuse que la nôtre, elle n'a pas laissé de faire, du côté des richesses, des pertes beaucoup plus considérables que nous. Nous avons conservé, avec le sol le plus fertile, et le territoire le plus étendu, une population de 30 millions d'ames, les meilleurs vins de l'Europe, du blé plus qu'il n'en faut pour notre consommation, des huiles, et du sel de quoi approvisionner tous nos voisins. Presque tous les pays où nous avons porté nos armes victorieuses nous ont fourni, de bon gré ou de force, des secours puissants en tout genre, et, quelque exorbitantes qu'aient été nos dépenses, il n'a point été encore levé chez nous de contributions directes sur les capitaux. Il faut excepter toutefois celles levée par l'emprunt forcé, mais qui n'a frappé qu'un petit nombre d'individus, la plupart s'y étant soustraits entièrement, ou bien ayant payé leur quote-part en valeur nominale ; et celle levée sur les rentiers, soit par la mobilisation des deux tiers de leur capital, soit par le non paiement des arrérages, qui réduit à 80 pour cent de perte la valeur vénale du tiers restant, impôt qui ne frappe *directement* qu'une classe de citoyens, et qui par cela seul est le plus injuste de tous.

Depuis long-temps tous nos pas sont marqués par des victoires et des succès, et, loin d'avoir des armées étrangères à entretenir, une grande partie de nos troupes est défrayée par nos voisins. Après avoir tiré des ressources incalculables, même en argent, de nos biens nationaux, et sur-tout des forêts, il nous reste encore pour près d'un demi-milliard, valeur 1790, sans compter les forêts, dont le revenu *quoiqu'administré,* s'élève à 25 millions par an, et dont le capital a une valeur proportionnellement beaucoup plus considérable.

La Hollande au contraire a perdu, dans sa révolution, presque toutes ses colonies, et celles qui lui restent sont nulles pour elle; elle a perdu tout son commerce, source presqu'unique de toute sa richesse. Son territoire peu étendu ne produit pas à beaucoup près ce qu'il faut pour la subsistance de ses habitants, quoique sa population ne soit pas la douzième partie de la nôtre, et certes on ne fera pas l'éloge du climat sous lequel elle vit; encore, pour conserver ce territoire, faut-il faire annuellement des dépenses considérables pour l'entretien des digues qui empêchent la mer d'en engloutir une grande partie.

A peine les Bataves eurent-ils secoué le joug du Stathouder et de l'Angleterre, que celle-ci séquestra des capitaux immenses qu'ils avoient placés dans ses fonds publics, saisit leurs navires, bloqua tous leurs ports, comme elle les bloque encore, et leur ôta par-là le moyen même de réparer leurs pertes. Plusieurs des plus riches capitalistes hollandois, attachés à la maison d'Orange, passèrent avec leurs fonds en Angleterre. Cela n'a pas empêché les habitants de ce petit pays de payer, d'une part, avec la plus grande exactitude, et le jour de leur échéance, la majeure partie des rescriptions bataves souscrites au profit de la République françoise, et dont le total s'élève à plus de 200 millions de francs, et d'entretenir, d'un autre côté, constamment un corps considérable de nos troupes, quoiqu'ils n'eussent pas comme nous des biens nationaux pour satisfaire au moins en partie à leurs dépenses extraordinaires, et que toutes les sources de richesses et de revenus paroissent momentanément taries pour ce pays.

Eh bien! le taux commun de l'intérêt en Hollande n'est qu'à 6 pour 100 par an, tandis que chez nous il est très communément à 2 pour 100 par mois sur dépôt, et à un taux plus élevé encore, lorsqu'on veut emprunter sur des immeubles, si toutefois on est assez heureux pour trouver à emprunter sur ces derniers. Quant au peu de papier qui s'escompte à demi pour 100 à la caisse des comptes courants, et à 3 quarts pour 100 chez les particuliers, vouloir en tirer une conclusion générale pour le taux ordinaire, c'est comme si, sous l'ancien régime, on avoit conclu que les contribuables en France ne payoient pas de taille, parceque les privilégiés en étoient exempts. L'argent de la banque d'Amsterdam, qui, comme l'on sait, ne consiste que dans des inscriptions sur le livre de la banque, fondées sur un dépôt que le propriétaire n'a pas même le droit de réclamer, est, à quelque pour cent près, au pair des espèces, et le Gouvernement batave achète à crédit beaucoup d'articles à un prix peu différent de celui qu'on seroit forcé d'accorder ici, même en stipulant qu'on paiera comptant.

D'où vient cette différence étonnante? de ce que la République batave, malgré la pénurie et l'embarras extrême dans lequel elle s'est trouvée, n'a pas encore fait une seule faute fondamentale en finances, ou, en d'autres mots, qu'elle n'a pas manqué un seul instant à ses engagements, quelque anciens, quelque *moisis* qu'ils fussent, pour me servir de la noble expression de quelques uns de nos financiers modernes. Jamais on n'y a hésité un instant à accorder au Gouvernement les fonds nécessaires pour y faire face; les citoyens ont mieux aimé sacrifier une partie de leur capital, que d'autoriser un manque de foi. Il y a donc eu, et il y a encore du crédit public, et, comme la plupart des citoyens n'ont pu qu'imiter cette conduite grande et loyale, il y a eu et il y a encore du crédit particulier.

Les Etats-Unis de l'Amérique, après avoir terminé la guerre qui leur fit recouvrer leur liberté, se trouvoient dans un état de pénurie et de détresse bien plus désespérant que celui où nous nous soyons jamais trouvés depuis notre révolution. Leur papier, mort comme les assignats, et sans laisser de quoi le remplacer, avoit anéanti tout crédit public. La disette effrayante du numéraire avoit avili la valeur vénale des terres au point que, pour me servir de l'expression de Hamilton, les aliénations d'immeubles ressembloient plutôt à des donations qu'à des ventes. Le commerce et l'industrie manquoient de capitaux, l'agriculture manquoit de bras et de capitaux à-la-fois, ce qui produisoit le phénomène étrange de salaires exorbitants, joints à un taux énorme de bénéfices, et à un intérêt usuraire. Et tous ces maux étoient accompagnés de près d'un demi-milliard de dettes, dues tant à l'étranger que dans l'intérieur.

Comme il y avoit peu d'apparence que ces dettes fussent jamais payées, leur valeur vénale avoit baissé dans la même proportion à-peu-près que nos inscriptions intégrales. Aussi se trouva-t-il alors, en Amérique comme chez nous, des financiers à moyens dirimants, dont les uns proposoient de renvoyer toute la dette publique aux terres, tandis que les autres vouloient qu'on la réduisît au dixième de sa valeur nominale, en la reconstituant au cours. Et, pour que rien ne manquât à la similitude de leur situation financière avec la nôtre, plusieurs personnes proposèrent de faire une différence entre les créances restées dans les mains des premiers acquéreurs, et celles transférées ou achetées *à vil prix*, expression alors également usitée en Amérique. Les Américains avoient même, pour justifier ce dernier expédient, un motif qui nous manque. Car, tandis que chez nous les transferts joints aux nouvelles rentes obtenues à bas prix ne se sont jamais élevés à la dixième partie seulement de la totalité des inscriptions intégrales, les créances transférées et achetées au-dessous de leur valeur primitive formoient en Amérique plus que le tiers de toutes celles qui existoient, et la majeure partie, qui plus est, avoit été achetée par les étrangers.

Mais les principes d'une saine économie politique et d'un véritable système de finances, étoient trop répandus en Amérique, le Corps législatif et le Gouvernement connoissoient trop la nécessité et l'importance du crédit public et de la valeur vénale des créances sur l'Etat; ils avoient l'un et l'autre des notions trop justes sur les vrais moyens de relever l'agriculture et le commerce, et de tirer l'Etat de la détresse momentanée dans laquelle il se trouvoit, pour que ces mesures, aussi violentes et injustes pour le fond, qu'absurdes relativement au but qu'on vouloit atteindre, fissent la moindre impression sur la généralité des esprits. Hamilton pulvérisa sur-tout la distinction des rentes par des raisonnements aussi simples qu'évidents. On trouve ces arguments développés dans son excellent rapport fait, en 1780, à la Chambre des Représentants, sur les moyens de rétablir le crédit public, rapport dont on auroit dû publier depuis long-temps la traduction qu'on vient d'annoncer dans les feuilles publiques. Hamilton y démontre, d'une manière irrésistible, que, non seulement cette distinction, basée sur une justice apparente, feroit faire des injustices bien plus nombreuses et plus révoltantes que celles qu'on vouloit éviter en la proposant, mais qu'elle anéantiroit tout crédit public, en avilissant la valeur vénale même des créances restées entre les mains des propriétaires primitifs. Aussi la Chambre des Représentans rejeta-t-elle unanimement toute distinction, toute réduction générale ou partielle de la dette publique ; on la reconstitua en entier avec l'intérêt légal de 5 pour 100, et l'on créa plusieurs impôts indirects pour en acquitter les arrérages, qui ont toujours été payés depuis avec la plus scrupuleuse exactitude. Il faut voir dans l'ouvrage d'Hamilton la magnanimité avec laquelle s'opéra la liquidation qui précéda la reconstitution, et la délicatesse avec laquelle on respecta les engagements de l'Etat envers ses créanciers, qui furent en quelque sorte consultés pour s'assurer de la majorité des suffrages.

Mais aussi quelles furent les suites de ce procédé loyal, grand et généreux de la part de l'Etat?

Le crédit public et particulier parut renaître de ses cendres; les effets publics, dont naguère on ne vouloit pour aucun prix, montèrent successivement de 30, 40 et 50 pour 100, au point d'approcher du pair, et, comme le crédit public alloit toujours en augmentant, ces mêmes effets, d'ailleurs très disponibles, firent bientôt fonction de numéraire dans beaucoup de caisses, et remplacèrent ainsi les espèces disparues ou resserrées. Aussi les terres, qu'on n'avoit pu vendre faute de signe, reprirent bientôt leur ancienne valeur, l'agriculture et le commerce reprirent de l'activité, et firent journellement de nouveaux progrès, à l'aide des capitaux qui leur avoient manqué jusqu'alors. Le numéraire disparu et resserré reparut, et à la pénurie et à la misère succédèrent la prospérité et l'aisance générale.

Enfin veut-on un fait aussi récent qu'incontestable, qui doit démontrer, même aux plus incrédules, les effets surprenants du crédit public?

Il n'y a qu'à jeter les yeux sur le tableau suivant des dépenses qu'a faites le Gouvernement anglois l'année dernière : tableau qu'on trouve dans presque tous nos journaux, et notamment dans le Rédacteur du 11 de ce mois, et sur l'authenticité duquel on peut compter, puisqu'il est extrait d'un rapport fait à la Chambre des Communes. En le copiant ici, on a fait grace au lecteur des shellings, pinces et demi-pinces, correspondants à nos anciens sous et deniers, qui accompagnent les cinquante et tant de millions de livres sterling. Car, quand il s'agit d'une dépense de plus d'un milliard de fr. il est inutile de s'appesantir sur quelques décimes ou centimes de plus ou de moins.

Tableau détaillé des sommes dépensées l'année dernière par le Gouvernement anglois, tant pour les dépenses ordinaires et extraordinaires du service, que pour le paiement des arrérages de la dette publique.

1° Intérêts de la dette publique fondée de la Grande-Bretagne, avec les sommes employées

à sa réduction..........	17,795,160 liv. st.
Intérêt de l'emprunt impérial..................	497,736
Concessions ordinaires pour la réduction de la dette.	200,000
2° Intérêts des billets de l'échiquier..............	375,456
3° Liste civile..........	900,000
4° Autres charges du fonds consolidé:	
Cours de justice........	31,314
Monnoies..............	15,000
Pensions parlementaires.	15,000
Salaires parlementaires, et appointements...........	24,607
Gratifications..........	6,336
5° Gouvernement civil de l'Ecosse.................	108,307
6° Autres paiements en anticipation sur les recettes de l'échiquier:	
Pensions sur le revenu héréditaire................	27,500
Primes et gratifications	
	19,996,416

Ci-contre..........	19,996,416
aux pêcheries, aux manufactures, etc.............	386,683
Milices et déserteurs.....	12,098
7° Flotte:	
Vaisseaux, chantiers, matelots, etc...............	6,971,147
Gens de mer...	462,538
Vivres.................	4,578,788
Malades et blessés.......	440,171
Transports.	1,210,800
Prisonniers de guerre en santé..................	402,514
8° Armée.	
Service ordinaire:	
Troupes régulières, fencibles, milices, et invalides. .	5,894,339
Officiers de l'état-major et de garnison..............	173,107
Demi-solde............	166,779
Pensions aux veuves.....	14,200
L'hôpital de Chelsea.....	152,134
Corps étrangers.........	277,033
Taxation de l'échiquier...	85,050
	41,223,788

De l'autre part . . .	41,223,788
Paiements de divers officiers publics.	48,634
Service extraordinaire. . . .	5,388,435
9° Baraques, casernes. . .	448,228
10° Artillerie.	1,727,258
11° Remises à l'Irlande. . .	1,454,059
12° Avances à l'emprunt par voie d'emprunt.	700,000
13° Secours à la reine de Portugal.	247,000
14° Services divers:	
Partie du mariage de la Princesse royale.	80,000
Service de l'intérieur:	
Impression du Journal de la Chambre des Communes.	7,360
Clergé et laïques souffrants de France.	97,264
Procédures criminelles, condamnés, et prisons . . .	44,353
Surveillance des étrangers.	2,866
Bureau d'agriculture . . .	3,000
Collége vétérinaire	1,500
	51,453,745

Ci-contre	51,453,745
Routes et ponts en Ecosse.	4,500
Salaires et dépenses des Commissaires pour la réduction de la dette	1,563
Services au dehors :	
Etablissement civil des colonies	33,241
Ports en Afrique	13,000
Dépenses de l'établissement de la Nouvelle-Galles du Sud	47,073
Paiement conformément au traité américain	38,455
Service étranger secret . .	188,222
TOTAL (1).	51,779,799,

et non pas 52,105,603, comme met le Rédacteur; différence de 300 mille liv. sterl., qui provient d'un article omis; car le total est conforme à

(1) Ce résultat n'est pas en contradiction avec les 25,250,000 liv. sterl. qu'on trouve ci-dessus, page 92. Cette dernière somme n'est composée que des taxes levées dans l'année sur le peuple anglois, tandis que les 52 millions comprennent de plus les emprunts et anticipations faites dans la même année pour couvrir les dépenses.

celui que donnent les papiers anglois que j'ai sous les yeux.

A la suite de ces 52,105,603 livres sterling, qui forment le total de la dépense, le Rédacteur et les autres journaux, après lui, mettent: « ou 1 *milliard* 172 *millions* 375,858 francs », tandis que la somme ci dessus fait au moins 1 millard 250 millions 500 mille francs. Cette erreur des journalistes vient encore de ce qu'ils ne comptent la livre sterling que pour 22 liv. 10 sous, tandis qu'en réalité elle vaut plus de 24 francs.

Voilà donc plus de 1,200 millions de francs, valeur écus, que le Gouvernement anglois a dépensés dans une année, et que par conséquent il a bien fallu se procurer, soit pas des taxes, soit par des emprunts. Comment a-t-il pu lever cette somme exorbitante, plus que double du montant de nos dépenses ordinaires et extraordinaires, *somme plus que double de tout le numéraire effectif qui existe en Angleterre?* Comment peut-il espérer d'en lever autant et peut-être davantage cette année? Comment sur-tout les effets de la dette publique, dont le capital passe 10 milliards, peuvent-ils se soutenir au taux où ils sont?

Comment! à l'aide du crédit public, qui

fait que tout ce qu'il y a d'écus dans le pays circule, tandis que le crédit particulier, résultat du premier, fait que le même écu circule beaucoup plus vite qu'ailleurs, où ce crédit n'existe pas. C'est le crédit public qui multiplie les ressources des contribuables qui ne peuvent payer, et qui ne payent avec exactitude qu'autant que le Gouvernement lui-même a de quoi payer et qu'il paye.

CHAPITRE XVIII.

La conservation du crédit public s'attache au respect pour la propriété.

Jusqu'ici je n'ai parlé du crédit public que sous le rapport de l'utilité et de l'intérêt. Mais il y a un principe fondamental auquel toutes les idées d'équilibre, d'ordre et de confiance vont se rattacher, c'est celui qui recommande dans toutes les constitutions des peuples le respect pour la propriété.

C'est pour posséder avec sécurité que l'homme entre dans l'état social, et se soumet à un Gouvernement; autrement il préféreroit la vie du sauvage, qui, en empêchant le développement de ses facultés morales, et l'usage étendu qu'à l'aide des machines il peut faire de ses facultés physiques, ne le prive que d'un bonheur négatif pour lui, puisqu'il ne le connoissoit pas, mais a l'avantage inappréciable de ne l'assujettir à rien.

Dans les pays où le despotisme a établi son outrageante domination, il fait tomber les têtes, et n'ose toucher à la propriété. Les Rois se disent les protecteurs de ce droit précieux. Sous le gouvernement républicain il faut qu'il n'y ait pas une volonté, pas une pensée, pas une ligne dans les lois, pas un acte de la puissance publique, qui ne tende à la consacrer. S'il y a un moment où un citoyen puisse concevoir pour sa propriété la plus légère inquiétude, déja les liens sociaux sont relâchés, déja il n'y a plus de république.

Ces vérités ne trouveront pas de contradicteurs : elles ont été écrites dans tous les livres, proférées par toutes les bouches, proclamées cent fois à la tribune du Corps législatif; elles ont retenti dans tous les cœurs.

Cependant en voyant les créanciers de l'Etat que l'Etat ne satisfait pas, et auxquels les Lois n'assurent aucune action efficace, ne diroit-on pas que les capitaux qu'ils ont fournis au Gouvernement sous la garantie de la foi publique n'étoient pas, ne sont pas encore leur propriété, aussi bien que si c'étoit une maison, du mobilier ou une terre?

Mais le droit de propriété, simple et réduit dans l'état de nature, s'agrandit dans l'état social. Les terres, les denrées, les marchandises, les signes, les contrats en sont également les objets. Il est à moi l'héritage que mon père m'a transmis ou que j'ai acheté, elles sont à moi les denrées et les marchandises dont j'ai traité au marché pour la nourriture de ma famille, ou pour le soutien de mon commerce. Il est à moi encore le capital que j'ai confié à un autre dans son besoin, et qu'il a promis de me rendre avec le profit légitime que je dois en attendre.

Si un mauvais citoyen envahit ma demeure, en enlève les choses que j'y ai renfermées, ou refuse de me rendre avec les accessoires le capital qu'il a emprunté de moi, la Loi me protége contre lui; elle a institué des tribunaux qui le condamneront, une puissance exécutive qui me remettra en possession de ma maison, de ma chose, ou de mes signes. Le Gouvernement lui-même ne s'emparera pas de ma terre, ni de mes denrées, ni de mes marchandises ; s'il le faisoit, il exerceroit une violence patente, et cet acte tyrannique exciteroit un soulèvement général.

Eh quoi ! parceque le contrat qui l'engage envers moi n'est pas une chose matériellement apercevable, il pourra se l'approprier impunément ? Parceque je pourrai être dépossédé sans bruit, je le serai sans remède? Parceque, pour me priver de ce qui m'appartient, il ne faudra pas l'arracher avec scandale de mes mains, je devrai le laisser aller sans murmures! Non, cet étrange renversement de tout ordre et de toute justice ne peut être notre morale et notre jurisprudence.

Placé entre les mains d'un particulier, ou entre les mains de la République, mon capital est de même à moi. Mon droit de propriété doit avoir contre la masse du peuple, et contre un homme d'entre le peuple, la même énergie, ou bien mon droit de propriété n'est qu'une chimère.

Oserions-nous placer ce précepte parmi nos lois : *les citoyens paieront leurs dettes, et la République ne paiera pas les siennes!* Eh quoi ! ce seroit une honte de le dire, et pas de le faire !

Il est temps de mettre dans notre politique

les actions en harmonie avec les maximes ; il est temps de donner à la République cet appui de l'irréfragable justice, sans lequel aucun Gouvernement ne peut prospérer ; cent victoires ne lui rendent pas ce qu'elle perd de force et de consistance par un seul manque de foi.

Ce manque de foi seroit aujourd'hui d'autant plus impardonnable, et j'ose dire, inconcevable, que, par une transaction violente, mais nécessaire, mais indispensable, la dette publique liquidée et à liquider a été naguère réduite des deux tiers, et consolidée seulement pour le tiers de son montant, et qu'il seroit aujourd'hui aussi atroce à l'égard des rentiers qu'injurieux pour la grande nation et la République, absurde même pour tout homme qui connoît notre population et nos ressources, de dire que les arrérages (1) sont

(1) Voici l'état de ces arrérages, tel qu'il se trouve dans le dernier rapport du Ministre des finances, annexé au message du Directoire exécutif, du premier messidor dernier; état aussi exact qu'on puisse le desirer, puisqu'il est fait d'après les renseignements donnés par les Commissaires de la Trésorerie nationale.

Les rentes perpétuelles liquidées ne s'élevoient au premier floréal dernier (pour le tiers consolidé), qu'à

disproportionnés aux facultés des contribuables. Aussi non seulement la Loi du 9 vendémiaire a-t-elle ordonné que les intérêts en se-

---

38,320,659 fr., *dont il faut défalquer* 1,510,118 *fr., absorbés depuis par la vente des biens nationaux, dont le paiement a été effectué,* en sorte que la totalité de cet objet ne monteroit qu'à 36,810,541 fr., s'il ne falloit y ajouter environ 6,666,666 fr. pour l'accroissement qui pourra résulter des liquidations prochaines. Le total des arrérages du tiers consolidé perpétuel, pour l'an 7, ne fait donc que 43,477, 207 fr.

D'après les mêmes bases, le viager ne s'élève qu'à 23,083,357 fr.; ensemble 66,560,564 fr. On payoit 211 millions sous l'ancien régime, avec une population et un territoire beaucoup moins étendu, avec un culte dont la dépense absorboit plus de 100 millions, et avec des privilégiés qui, dans beaucoup d'impôts, n'entroient pour rien.

Quant au tiers qui pourra provenir des liquidations futures, et qui est beaucoup moins considérable qu'on ne le croit, il sera plus que compensé par l'extinction successive et immanquable du viager, ainsi que par l'absorbtion d'une partie du perpétuel dans les biens nationaux, sans compter la diminution qui résultera d'une Caisse d'amortissement bien organisée, à laquelle il faudra bien recourir tôt ou tard. Dans le dernier budjet, ainsi que dans celui de l'année précédente, les arrérages sont portés à 80 et tant de millions, parcequ'on y a compris les pensions que le Gouvernement seroit bien obligé de payer, quand même il n'y auroit pas de dette publique, pensions qui s'élèvent à plus de 23 millions.

roient fidèlement et exactement payés sur le produit de toutes les recettes de la régie de l'enregistrement, qui y sont spécialement affectées, mais déja les sommes nécessaires pour payer les intérêts ont été ordonnées en dépense pour l'an six par le Corps législatif, et le Directoire exécutif les a portées de nouveau dans son aperçu des dépenses pour l'an sept. Mais comme aucune de ces dispositions si solennelles n'a été exécutée, on les a regardées jusqu'ici comme dérisoires, il n'en est pas résulté la moindre impression favorable pour le crédit public et particulier, et elles n'ont servi qu'à décourager ceux qui consacrent leurs soins et leurs veilles à créer un esprit public.

CONCLUSION.

J'ai parlé de la réduction forcée du tiers de tout le capital, et des arrérages de la dette publique. Quelque douloureux qu'ait été ce sacrifice pour les créanciers de l'Etat, et quoique beaucoup d'entre eux ne l'aient pas regardé comme indispensable, tous l'ont oublié. Il ne s'agit plus du passé, il est loin de nous ;

ce qu'il faut, c'est ordonner le présent, et préparer l'avenir.

Le Corps législatif représente le peuple agriculteur, le peuple commerçant et le peuple rentier ; comme représentants de tous, ses membres ne peuvent effacer les noms d'aucun de ceux qui ont signé leurs mandats. Le Gouvernement, de son côté, doit protection et garantie de propriété à tous, il ne peut en excepter par le fait une classe entière, et j'ose dire, la seule qui, après avoir fait pour la révolution les sacrifices les plus constants et les plus pénibles, se trouve presqu'entièrement malheureuse. Bien des larmes ont été répandues, tarissons-en la source ; il reste une conquête à faire, c'est celle des cœurs aliénés par leurs souffrances ; et cette conquête est si aisée !

Cette dette consolidée, qu'elle soit solide en effet ! Que la promesse solennelle que nous avons faite en soit le ciment inaltérable ! Qu'elle soit loyale, comme elle est grande, la République françoise ! Les Rois disent que leur parole est sacrée ; faisons ce que disent les Rois.

Les habitants de Sybaris, qui bâtirent Thurium et fondèrent une nouvelle république.

vouèrent aux malédictions et à la mort quiconque leur proposeroit le changement de leurs lois.

Etoient-elles donc plus sacrées ces lois d'un petit peuple, que les promesses si souvent renouvelées de la grande République? Avons-nous besoin de modèles en fidélité, en constance, en résolutions généreuses?

Une autre république fut fameuse par sa déloyauté. Le monde fut bouleversé dix fois depuis sa chute, et sa mémoire demeura flétrie. Seroit-elle morte parmi nous cette vertu dont nos ancêtres empruntèrent le nom de Francs, que nous portons encore! Faudra-t-il que l'histoire étonne autant la postérité du manque de foi à nos engagements, que la magnanimité de nos actions guerrières?

Non; ni le Gouvernement, ni le Corps législatif, ne partageront l'aveuglement funeste de ceux qui voudroient aujourd'hui anéantir en France les débris des capitaux sauvés des nombreux naufrages de la révolution; qui, contre toute humanité et contre toute justice, voudroient, en dépit d'une Loi récemment rendue, et de la transaction la plus solennelle, ne pas faire payer les intérêts du tiers consolidé, et écraser sans pitié tous les malheureux à qui il ne reste que ce mince résidu pour toute ressource. Non, le génie malfaisant du Cabinet britannique, dont on ne peut s'empêcher de voir ici la maligne influence, de ce Cabinet qui, après avoir dans le temps si puissamment coopéré à la destruction de Lyon, après avoir alimenté et attisé nos discordes civiles, afin d'opérer par nos propres mains la ruine de nos manufactures, de nos départements les plus riches, et de nos cités maritimes les plus florissantes, voudroit encore nous engager à détruire *pour jamais* le crédit public, seul moyen de réparer tous ces désastres, et anéantir tous nos capitaux et nos richesses mobiliaires; non, cet infernal génie ne prévaudra pas.

La République tiendra ses engagements; l'intérêt ajoute ici ses conseils à ceux de la justice. La loyauté sera utile. Elle nous ramènera dans les sentiers de l'ordre et de la véritable économie; elle nous rendra le crédit que nous avons perdu; elle rétablira la confiance, sans laquelle il n'y a rien de stable dans les institutions humaines.

Confiance et crédit! l'on ne prononce pas ces mots sans reproduire de grandes idées. Ils sont en politique la solution de tous les problêmes qui intéressent la puissance des Etats, la richesse et la prospérité des peuples.

Confiance et crédit! moyens d'union des peuples aux Gouvernements, et des Gouvernements aux peuples! Garants de la sécurité commune, par qui l'effervescence des convulsions s'atténue, et la résistance aux dangers se renforce, semblables à ces conducteurs qui ceignent nos maisons, s'emparent de la foudre qui les menace, et la font tomber inoffensive.

CHAMBRE DES PAIRS.

OPINION

De M. le Comte Lecouteulx de Canteleu *sur le projet de Loi relatif aux Finances*,

Prononcée dans la séance du 20 septembre 1814.

Messieurs,

Vous m'avez fait l'honneur de me placer dans votre Commission spéciale, nommée pour l'examen de la Loi relative aux budjets de 1814 et de 1815, et à la liquidation des dettes arriérées.

M. le Duc de Plaisance vous a fait, au nom de cette Commission, le rapport que vous avez entendu, et qui est sous vos yeux; il vous propose d'adopter le projet de Loi qui vous est présenté.

C'est l'avis unanime de la Commission : mais

cet avis unanime n'est pas le résultat d'une opinion uniforme, et je dirai ici ce qu'a dit le Ministre des finances à la Chambre des Députés : Ceux qui examinent la Loi éprouvent à leur tour les incertitudes dont les Ministres n'ont pu se garantir.

Sans doute il y a diversité d'opinions sur la Loi qui vous est soumise; mais une pensée domine toutes les autres : c'est celle de consolider, sans plus de délai, la Monarchie représentative dans laquelle nous nous sommes tous réfugiés; il faut le dire, Louis XVIII, en remontant sur le trône de ses pères, a raffermi tous les trônes de l'Europe; il nous a donné en même temps un Gouvernement où l'équilibre des pouvoirs nous garantit la sagesse et la permanence des Lois. C'est aujourd'hui à la Chambre des Pairs à consolider ce noble ouvrage, en sanctionnant la Loi sur les finances, adoptée, le 3 de ce mois, par la Chambre des Députés.

Ce grand intérêt est celui qui fixera vos incertitudes.

Toutefois, Messieurs, je n'ai pas partagé toutes les inquiétudes, toutes les indécisions que la longue discussion de la Chambre des Députés a fait naître dans le public.

La franchise de mes observations telles que je les ai lues à la Commission, observations émises sans méthode, mais avec conviction, peuvent donner à votre discussion un nouveau point de vue; elles vous présentent mes motifs de sécurité et d'espérance plus particulièrement dans les dispositions de la Loi qui doivent avoir une grande influence sur le crédit public : je vous les soumets avec confiance. Un budjet n'est jamais qu'un aperçu des dépenses et des recettes ordonnées par la puissance législative pour un temps donné : la sagesse et la prévoyance de ce budjet ne peuvent être bien jugées que lorsque la durée de son exercice est à la fin; il en est de même des aperçus, des programmes de toute entreprise. On n'en connoît bien les résultats réels que lorsque les dépenses, les recettes et les rentrées certaines, sont bien connues, arrêtées et fixées.

Je me suis fait une première question à la lecture du budjet qu'on nous présente, et du rapport fait au Roi par le Ministre des finances.

Les dépenses y sont-elles réduites au niveau des recettes sur lesquelles on peut raisonnablement compter, c'est-à-dire au niveau des contributions que la population françoise actuelle peut supporter ?

La transition à l'état de paix, a dit le Ministre des finances dans sa réplique du 31 août à la Chambre des Députés, est coûteuse. Les dépenses de l'année 1814 ont commencé dans les proportions gigantesques du dernier Gouvernement, et, on peut le dire, continué sur ces proportions dans plusieurs branches de l'administration. Ainsi, malgré la rigoureuse économie que le Roi a commandée à ses Ministres (économie qui ne peut être l'ouvrage d'un jour), le Ministre nous prévient que nous devons plutôt éprouver des craintes d'augmentation que nourrir des espérances de diminution au-dessous des fixations proposées. Cette économie, premier devoir d'un Gouvernement paternel et réparateur, paroît au Ministre avoir été portée trop loin, et il avoue qu'il en craint les excès dans le budjet de 1815.

Le taux des dépenses tel qu'il nous est présenté est une suite nécessaire des circonstances transitoires dans lesquelles nous nous trouvons.

Il faut aussi se persuader que les dépenses d'un grand Etat, environné de grandes puissances, toujours jalouses, s'accroissent inévitablement tous les ans ; mais un Gouvernement sage et prévoyant accroît en même temps ses revenus, parcequ'une bonne partie de ses dépenses est habilement distribuée, et employée à l'accroissement de la prospérité et de la sécurité de l'Etat.

Lorsque la dépense publique d'un Etat quelconque est faite sur son propre territoire, répartie aux peuples imposés et contribuables, en paiement des produits du sol qu'ils cultivent, de leur travail et de leur industrie, il en résulte que ces dépenses ainsi reversées modèrent, en résultat, les effets de l'accroissement annuel des dépenses, j'ose même dire qu'elles peuvent rendre productif cet accroissement.

Il conviendroit donc d'examiner : 1° Si les dépenses publiques sont en effet divisées et réparties sur la totalité du territoire, si elles circulent dans le peuple.

2° Quelle portion de cette dépense se fait dans les classes productives ; quelle portion dans les classes stériles ; si toutes ou partie se font sur le territoire de l'Etat, et au profit de la population qui pourvoit de ses travaux et de ses sueurs à cette dépense.

La paix, l'affermissement, nous le répétons,

que donne aux trônes de l'Europe le retour en France de nos souverains légitimes, la modération, la prévoyance, et la sagesse raisonnée du Roi, nous promettent une importante amélioration dans la distribution des dépenses publiques; elles alimenteront à l'avenir le travail du peuple, l'industrie françoise. L'attente où est encore l'Europe du dénouement du grand drame de 1814 ne promet pas cependant, dans cette année, et à peine dans celle de 1815, d'améliorer les dépenses dans leur distribution; mais la solde de l'armée et la dépense que son entretien exige, faites sur notre territoire, reversent nécessairement dans toute la France l'argent des contributions qui doivent pourvoir à cette solde et à cette dépense.

Les dépenses publiques, bien distribuées, doivent faire l'effet du reversement salutaire de ces eaux élevées par des machines d'une grande puissance, et réunies dans divers bassins, qui bientôt répandues dans la plaine, par mille canaux divers, fertilisent tout le territoire sur lequel elles sont distribuées, et donnent de l'activité aux nombreux ateliers qu'elles mettent en mouvement.

Au surplus, je suis convaincu que les dépenses publiques, telles qu'elles nous sont présentées pour l'année 1814 et 1815, sont nécessaires, qu'elles sont commandées par les circonstances, et que la sécurité et la restauration de la France les exigent impérieusement. Attendons avec confiance les effets d'un Gouvernement dont la sagesse et la prévoyance nous offriront successivement une amélioration dans la distribution et l'application de nos dépenses.

Une seconde question que je me suis faite sur le budjet est relative aux motifs pour lesquels on hésite à alléger la contribution foncière, lorsque les contributions indirectes offrent plus que jamais d'utiles compensations.

Le Rapporteur de la Commission centrale de la Chambre des Députés sur la Loi qui nous occupe a dit: « La contribution foncière « tend à faire participer aux charges de l'Etat « les individus qui réellement possèdent des « biens; on ne peut se dissimuler, d'autre « part, que l'esprit des contributions indi« rectes est d'atteindre particulièrement ceux « qui n'en possèdent pas. Or, *dans l'état actuel « des affaires, au moment du passage d'un « ordre de choses à l'autre*, lorsque le travail

« n'a pas encore repris toute son activité, n'est-« il pas convenable et politique de ne pas obli-« ger l'administration d'entrer avec des pré-« tentions trop élevées dans le partage difficile « des fruits de l'industrie? On ne le pourroit « pas d'ailleurs sans multiplier les moyens « coercitifs. »

Je vois bien que par cette circonlocution on voudroit persuader aux propriétaires des biens-fonds qu'il ne convient pas encore d'alléger le poids de la contribution foncière, et qu'on n'ose le faire, comme cela pouvoit avoir lieu, par une répartition plus proportionnée du poids de l'impôt entre les contributions foncières et les contributions indirectes.

Je desire que cette considération de circonstances ne nous ramène pas à la controverse élevée en France, et qui dure depuis si long-temps, pour déterminer quelle contribution doit obtenir la préférence, ou la contribution directe, ou la contribution indirecte; distinction abstraite que les Anglois, heureusement pour eux, n'ont jamais saisie ni admise.

En matière de contributions, la principale sollicitude du Gouvernement anglois et des écrivains de tous les partis s'est portée à savoir quels sont les impôts qui rendroient le plus, et dont la perception seroit la plus facile. On voit par-tout qu'ils attachent beaucoup plus d'importance à la levée de l'impôt qu'à son assiette, et qu'ils craignent bien davantage les difficultés que peut éprouver la perception de la part des imposés, que les suites que peut avoir l'impôt en lui-même, suivant la matière imposable qu'il affecte, ou sur laquelle il tombe en dernière analyse. On se rappellera peut-être qu'en l'an 7 (1799), un écrit que je publiai sur les contributions fit prévaloir (au milieu des troubles populaires qui nous menaçoient alors de nouveau) l'opinion, que l'expérience a fortifiée, que les impôts indirects qui tombent sur les consommateurs sont les impôts les plus doux, les plus faciles à percevoir, et les plus proportionnés à la fortune des contribuables ; que tous ne les payent qu'au fur et à mesure, et en proportion de la dépense que fait chacun ; que, sous ce rapport, tout impôt qui, pendant une longue suite d'années, rapporte un produit considérable sans qu'il y ait une diminution marquée, n'affecte probablement aucune branche d'industrie d'une manière sensible, parcequ'autrement le produit de l'impôt diminueroit nécessairement avec la matière imposable.

Je disois, dans cet écrit, ce que je répète ici, que mon opinion dans ses résultats pouvoit contrarier des opinions qui, fondées sur la confiance toujours respectable qu'elles seules étoient favorables aux intérêts du peuple, ne pouvoient cependant flatter un bon citoyen qu'autant qu'elles étoient sanctionnées par des résultats utiles et durables; que souvent ce qui satisfait momentanément le peuple tend néanmoins très promptement à sa ruine.

J'ai publié ces maximes, je le répète, en 1799, lorsque nos troubles révolutionnaires sembloient renaître; aujourd'hui je demande ce qu'on a voulu dire en nous faisant entendre *qu'il ne faut pas obliger l'administration d'entrer avec des prétentions trop élevées dans le partage difficile des fruits de l'industrie.*

L'agriculture est aussi une grande manufacture, et je dirai que, sous ce rapport, il ne faut pas non plus *obliger l'administration d'entrer, au moyen de la contribution foncière, avec des prétentions trop élevées dans le partage des fruits de l'industrie agricole.* Il ne faut pas s'y méprendre, les fruits de cette industrie sont aussi difficiles, et peut-être plus pénibles à recueillir que ceux de toute autre industrie; et si la contribution foncière, renforcée de centimes additionnels, absorboit enfin en grande partie les revenus des propriétaires, le passage d'un ordre de choses à l'autre exigeroit aussi qu'on ne multipliât pas dans l'accroissement de la contribution foncière les moyens coercitifs, les garnisers et les autres expédients pour atteindre ceux qui *possèdent des biens.* (Je me sers des expressions du Rapporteur de la Chambre des Députés.)

Dans les Lois qu'on annonce et qui doivent régulariser et organiser les contributions indirectes, je desire qu'on aborde franchement et clairement la question, et que nous puissions alors mieux connoître le système adopté par les Ministres du Roi, connoître enfin si l'on pourra, comme on nous le fait espérer, mettre un terme aux sacrifices extraordinaires des propriétaires; si on les dégagera de l'obligation difficile à laquelle nous les soumettons encore pour 1815.

Toujours est-il vrai que l'impôt direct tombe uniquement sur le propriétaire foncier; que le poids n'en est pas proportionné au produit de la culture ; que plus on allège cet impôt, plus on favorise l'industrie agricole ; que la levée en est toujours difficile, et exige, dans la rigueur des contraintes, des saisies, des garnisers, des moyens coercitifs, qui surpassent tous les inconvénients attachés aux impôts indirects, dont la perception se réduit d'ailleurs à un simple tarif, tandis que l'impôt foncier n'a encore offert, jusqu'à ce jour, que des inégalités et des injustices sans nombre.

Nous citons souvent l'exemple de l'Angleterre. Eh bien, à côté des impôts indirects les plus multipliés, accompagnés d'ailleurs de formes assez vexatoires, il y a, depuis plus d'un siècle, un accroissement marqué et constant de culture, de commerce et d'industrie. Les impôts indirects, mis sur les objets de première nécessité, tels que les boissons de toute espèce, n'ont pas empêché les manufacturiers anglois de soutenir, avec succès, la concurrence de la plupart des marchés de l'Europe.

Il faut toutefois, quant au poids actuel de la contribution foncière, se prêter encore aux circonstances, et non seulement espérer, mais beaucoup attendre d'un Gouvernement dont la sollicitude constante sera de soulager la France, et de créer pour elle une nouvelle ère.

Mais, Messieurs, rien ne sera fait, rien ne réussira, si notre Gouvernement n'acquiert pas la puissance du crédit; ce n'est plus sur nos canons qu'il faut faire inscrire cet adage, adopté sous le règne de Louis XIV, *ultima ratio Regum.*

C'est là force et la puissance du crédit de l'Angleterre, qui, dans la guerre qui vient de se terminer après vingt-trois ans d'efforts de part et d'autre, et de désastres, a bien été l'*ultima ratio*, et il faudroit mettre aujourd'hui cette inscription sur le Trésor royal.

Confiance et *crédit*, l'on ne prononce pas ces mots sans produire de grandes idées. Ils sont en politique la solution de tous les problêmes; ils intéressent la puissance des Etats, la richesse et la prospérité des peuples.

Confiance et *crédit*, moyens d'union des peuples aux Gouvernements, garants de la sécurité commune par qui l'effervescence des convulsions s'atténue, et la résistance aux dangers se renforce, semblables à ces conducteurs qui ceignent nos maisons, s'emparent de la foudre qui les menace, et la font tomber *inoffensive*.

On s'est étonné de mon assertion, lorsque j'ai dit que les ressources que les Ministres du Roi se proposoient de consacrer à l'acquit de l'arriéré, au remboursement des 759 millions qui forment le montant de l'arriéré exigible; que la proposition seule de créer des obligations du Trésor royal payables à trois années de leur date, et portant huit pour cent d'intérêt et indemnité annuelle, étoit une véritable création de capitaux.

Eh bien! Messieurs, mon assertion se vérifie déja; les créanciers du Gouvernement, lorsque la validité des titres qu'ils ont à produire est connue, et que leur caractère personnel en garantit la légitimité, s'estiment aujourd'hui réintégrés dans leurs capitaux, dans ceux qu'en mars et en avril dernier ils croyoient entièrement perdus. Le public les considère comme déja porteurs des obligations que le Trésor royal va leur donner en remboursement, et il applique à ce capital en obligations du Trésor royal l'opinion qu'il avoit de ce même capital, lorsqu'il étoit représenté dans les magasins du négociant ou du manufacturier, par ses marchandises fournies au Gouvernement en 1814, 1813, et années antérieures.

Ces obligations, Messieurs, sont en effet de véritables billets, comparables à ceux qu'on nomme en Angleterre *billets de l'échiquier*, auxquels le Gouvernement françois, en posant à l'époque de la restauration les prémières bases d'un crédit national, s'est obligé de donner une hypothèque spéciale, de consolider ainsi par anticipation ses obligations, en y attachant cependant une indemnité, un intérêt transitoire qui complète la force de l'aimant que doit avoir un premier emprunt ouvert à l'Europe au retour de notre légitime et loyal Souverain.

On doit se rappeler, Messieurs, la magnanimité avec laquelle s'opéra dans les Etats-Unis de l'Amérique septentrionale la liquidation qui précéda la reconstitution, et la délicatesse avec laquelle on respecta les engagements de l'Etat envers ses créanciers, qui furent en quelque sorte consultés pour s'assurer de la majorité des suffrages.

Mais aussi quelles furent les suites de ce procédé loyal, grand et généreux de la part de l'Etat ?

Le crédit public et particulier parut renaître de ses cendres ; les effets publics, dont naguère on ne vouloit pour aucun prix, montèrent successivement de trente, quarante, et cinquante pour cent, au point d'approcher du pair, et, comme le crédit public alloit toujours en augmentant, ces mêmes effets, d'ailleurs très disponibles, firent bientôt fonction de numéraire dans beaucoup de caisses, et remplacèrent ainsi les espèces disparues ou resserrées. Aussi les terres qu'on n'avoit pu vendre faute de signe reprirent de l'activité, et leur valeur fit journellement de nouveaux progrès à l'aide des capitaux qui leur avoient manqué jusqu'alors ; enfin à la pénurie et à la misère succédèrent la prospérité et l'aisance générale.

Il en sera de même en France de la réintégration, en 1814 et 1815, de 759 millions de capitaux de créances, dont naguère on ne vouloit à aucun prix, auxquels on n'auroit accordé aucun crédit, sur lesquels les propriétaires n'auroient obtenu aucunes avances.

Le crédit public prend sa force dans les crédits particuliers, et la création, l'accroissement de la puissance des propriétés particulières crée [illegible]croît la puissance de l'Etat.

On s'est récrié sur l'approbation que je donne à cette dette flottante, aliment, dit-on, de l'agiotage.

Cette dette flottante ouvre, il est vrai, un nouveau champ aux spéculations des capitalistes.

Les obligations qu'on propose de donner en remboursement de la dette arriérée sont un paiement à terme par forme d'emprunt à terme : si les capitalistes viennent spéculer sur cet emprunt, ils ne peuvent le faire sans en accroître le crédit, sans accroître celui qu'on donne aux créances sur l'Etat, enfin sans réintégrer plus promptement le créancier qu'on veut rembourser dans le capital qu'il croyoit naguère perdu ; peut-on traiter ces spéculations, qui donnent du mouvement, de la vie, de l'action au crédit public, comme des opérations de l'agiotage?

Un des Préopinants a observé que le remboursement des dettes ne devoit se faire qu'autant que l'Etat et les contribuables peuvent y pourvoir. J'estime, Messieurs, que si l'Etat achète, contracte et s'approvisionne, les remboursements doivent avoir lieu aux conditions de l'achat, du contrat et des conventions faites avec celui qui a fourni l'approvisionnement tant pour le terme de paiement que pour le prix, et si on ne satisfait pas à ce terme convenu comme au prix débattu, il y a lieu à indemnité.

L'agioteur est celui qui vend *à terme* un effet qu'il n'a pas, ou qui achète un effet à terme, sans moyens actuels et sans la certitude de ceux qu'il aura pour payer.

La Loi réprime l'agioteur; les dangers de son jeu téméraire le contiennent encore mieux. Il ne faut pas méconnoître cependant que la double chance que le spéculateur, comme l'agioteur, poursuit, celle du bénéfice qu'il peut obtenir sur l'effet qu'il achète ou qu'il vend, et celle de la perte qu'il peut essuyer, est ce qui donne sur tous les marchés publics, comme sur toutes les bourses des villes commerçantes, le prix, argent, de l'effet ou de l'objet qui s'y vend et qui s'y achète; et c'est ce qui fait qu'en Angleterre un effet, une portion de la dette publique, est toujours considéré comme de l'argent en caisse au cours de la Bourse. Dans la grande et salutaire action du crédit public il ne faut pas trop se plaindre du mouvement de l'agiotage.

Cette définition me conduit, Messieurs, à vous faire envisager ces obligations que le Trésor royal va donner en paiement de la dette arriérée (si vous adoptez la Loi qui vous est présentée), sous le même point de vue que présente l'action du crédit commercial. Le Gouvernement françois tel qu'il s'annonce, sous le Chef qui nous est rendu, toute la nation françoise s'honorant des principes et des vertus qui caractérisent son Souverain, son union, son esprit national, cimenté, fortifié par la Charte qui constitue aujourd'hui son organisation politique, peut et doit acquérir l'action d'un grand crédit commercial. Un Gouvernement quelconque n'est-il pas le plus grand consommateur de l'Etat qu'il régit, et son administration n'est-elle pas essentiellement occupée à passer des contrats d'achats et de ventes? Son crédit peut-il, sous ce rapport, être en action sans une dette flottante que nous appelions, sous nos anciennes dénominations, dettes exigibles?

Le crédit double et quintuple les forces commerciales; il doit doubler et quintupler les forces d'un Gouvernement. Observez, Messieurs, dans l'organisation commerciale, l'action et l'impérieuse nécessité du crédit, et vous reconnoîtrez que le Gouvernement actuel, que la France, en tout temps, aura besoin d'un crédit actif et secourable ; que, même pour le soulagement des peuples, sa puissance lui est nécessaire, et qu'elle en aura impérieusement besoin dans sa restauration, pour ne pas cumuler, accélérer et redoubler les efforts des contribuables.

Du jour où l'on paye dans le commerce, à l'ouvrier son salaire, ou au propriétaire colon ou étranger le prix des matières premières, jusqu'au jour où l'on reçoit du consommateur le prix de ce qu'il consomme, il se trouve un espace de temps plus ou moins considérable, pendant lequel le travail cesseroit, si, dans cet intervalle, on n'interposoit, entre le fabricant, le marchand et le consommateur, un agent actif qui facilite tout, vivifie tout par son mouvement.

Cet agent (pour le désigner avec plus de précision) est l'obligation à terme, le billet à ordre, la lettre de change, véritable monnoie du commerce.

L'écu du consommateur, comme celui du Gouvernement, dans un état ordinaire et régulier de choses, est toujours en route pour réaliser l'obligation, la promesse qui circule sous une dénomination quelconque.

Il ne faut pas méconnoître qu'il existe entre

le capital d'un commerçant, comme entre la force pécuniaire d'un Etat et les fonds que l'un et l'autre mettent en mouvement, une action, un emploi de forces et de moyens, qu'on ne peut considérer comme hasardés, lorsque la circulation en est entretenue avec sagesse et prévoyance. Le crédit que donne un négociant et un banquier à son correspondant est un capital créé.

J'ai donc dit, et je le répète, que les propositions des Ministres du Roi pour solder intégralement les créanciers de l'Etat, savoir : 1° celle de leur donner une valeur dont ils pussent faire usage pendant l'intervalle qui devra exister entre l'apurement des créances et la réalisation des biens-fonds destinés à les acquitter, 2° celle d'appeler tous les capitalistes au mouvement de la liquidation, et de les déterminer, par l'impulsion de leur confiance comme par celle de leur intérêt, à y prendre une part active, ont bien effectivement recréé 759 millions de capitaux qui n'existoient plus de fait ni d'opinion, pour l'Etat ni pour les créanciers, lors de l'invasion des armées alliées et de leurs progrès ;

Que la création de ces capitaux, leur action et leur mouvement suffisent pour rendre à l'agriculture, au commerce, aux manufactures, à l'industrie françoise la vie et la prospérité.

Doutez-vous que de toutes parts les capitalistes ne viennent pas s'emparer des obligations du Trésor royal, les premières émises, pour jouir tranquillement et avec sécurité de l'intérêt d'indemnité qui y est attaché, et aussi les garder dans leur portefeuille?

On vous a dit qu'il n'existoit plus à Gênes, à Genève, à Amsterdam, de ces capitaux qui venoient se placer dans nos emprunts, qui se renouveloient pour l'achat de nos effets publics et de nos terres.

Mais ces capitaux, qui n'étoient pas tous accumulés dans les villes ci-dessus citées, qui étoient grossis de toutes les richesses mobiliaires de l'Europe, peuvent être plus disséminés qu'ils ne l'étoient il y a vingt ans ; mais cette Europe a-t-elle cessé de produire? Les propriétés ont pu être déplacées ; mais cette riche Europe a toujours appartenu à quelqu'un, sa population a toujours consommé ; les Gouvernements ont dépensé, et les bénéfices de cette production, de cette consommation, ont été capitalisés, en doutez-vous? Ces capitaux sont restés sans mouvement, sans doute, dans le cours de la crise dernière dont nous venons de sortir ; mais donnez à ces nouveaux capitalistes sécurité, confiance, et utile emploi, et vous verrez promptement apparoître ces capitaux, inconnus, j'y consens, changés de main, j'y consens encore, mais anéantis; tout dément déja cette assertion.

Il faut aussi se persuader, et j'en ai acquis la certitude, que plusieurs créanciers, ainsi remboursés, préféreront conserver dans ce placement accrédité le capital qui leur sera ainsi rentré. Bientôt apparoîtront à Paris d'autres capitaux, les obligations émises auront été enlevées; le Trésor royal aura vu se former un crédit nouveau; l'argent lui sera offert à un moindre intérêt que celui de l'indemnité, et c'est ainsi qu'il pourra offrir au créancier, dont les créances seront successivement apurées, son remboursement en écus, si mieux n'aime une réduction sur l'indemnité attachée par la Loi aux obligations du Trésor royal.

Dans ce moment heureux de crédit national, vous voyez sans doute les négociants, les manufacturiers, les fabricants, les usines de toute espèce récupérer successivement leurs capitaux hasardés, recevoir à l'avance des crédits proportionnés aux titres de remboursement qu'ils obtiennent, et, je le répète, Messieurs, la vie et l'action de la vie se répandre dans nos campagnes, dans tous nos ateliers. Le plus grand bienfait de tous, ce sera le retour du travail et tout ce qui le perfectionne et l'étend.

Le travail, a dit un auteur anglois, est ce qu'on peut verser de meilleur dans la coupe de la vie : *Labour is the best ingredient in the cup of the human life.*

Je me suis peut-être trop étendu dans les considérations qui justifient mon opinion sur le mode adopté par les Ministres du Roi pour le remboursement des créances arriérées et sur les effets et l'action du crédit public.

Je termine ici mes observations; mais qu'on m'en permette encore une dernière, c'est sur l'erreur capitale qui survit encore à nos longues et funestes expériences de ruineux arriérés, de réductions arbitraires.

Elle consiste à regarder le crédit public comme un moyen qui procure au Gouvernement la facilité d'emprunter, tandis qu'il est à-la-fois l'instrument le plus puissant dont il puisse se servir pour soulager les peuples du poids du malheur dans les années désastreuses, pour rendre la génération prévoyante, pour faire fleurir l'agriculture, le commerce et l'industrie, et par conséquent pour faciliter le paiement des impôts.

Voudroit-on d'ailleurs méconnoître la force de notre puissance législative dans la combinaison actuelle? n'est-elle pas constituée de manière à réprimer en tout temps l'excès auquel on voudroit porter les ressources des emprunts?

Je desire, Messieurs, que vous acquiesciez à la proposition qui vous a été faite par votre Commission spéciale d'adopter le projet de Loi.

TABLE DES CHAPITRES,

OU

RÉSUMÉ ANALYTIQUE DE L'OUVRAGE.

FIN.

www.ingramcontent.com/pod-product-compliance
Ingram Content Group UK Ltd.
Pitfield, Milton Keynes, MK11 3LW, UK
UKHW020123200726
13856UKWH00002B/691